（第四辑）

新

商业思维

刘国华——— 编著

中国铁道出版社有限公司

CHINA RAILWAY PUBLISHING HOUSE CO., LTD.

图书在版编目（CIP）数据

新商业思维.第四辑/刘国华编著.—北京：中国铁道出版社
有限公司,2023.4

ISBN 978-7-113-29626-1

Ⅰ.①新…　Ⅱ.①刘…　Ⅲ.①商业经营　Ⅳ.①F713

中国版本图书馆 CIP 数据核字（2022）第 169209 号

书　　名：**新商业思维（第四辑）**
XIN SHANGYE SIWEI（DI-SI JI）

作　　者：刘国华

责任编辑：马慧君　　　编辑部电话：(010)51873005　　　投稿邮箱：zzmhj1030@163.com
封面设计：刘　莎
责任校对：刘　畅
责任印制：赵星辰

出版发行：中国铁道出版社有限公司(100054,北京市西城区右安门西街 8 号)
网　　址：http://www.tdpress.com
印　　刷：北京联兴盛业印刷股份有限公司
版　　次：2023 年 4 月第 1 版　　2023 年 4 月第 1 次印刷
开　　本：710 mm×1 000 mm 1/16　印张：12.25　字数：164 千
书　　号：ISBN 978-7-113-29626-1
定　　价：59.00 元

　　从《新商业思维》第三辑到第四辑的出版，经历了两年多的时间，中间寻找合适出版机构的过程充满了坎坷。尽管没有兑现当初一年一本的承诺，但好在最终还是付梓，感激涕零。

　　这本书的文字初稿完成于 2020 年前，所以关于疫情期间的一些商业思考以及带给商业的变革均没有呈现在这本书中。这些内容将在后续推出的《新商业思维》第五辑和第六辑中与大家分享。

　　如今是互联网信息爆炸的时代，各种新的商业概念层出不穷、目不暇接，很容易把很多对商业感兴趣的朋友绕得晕头转向，面对海量的商业信息无从选择。这本书的初衷，就是想以节省时间的方式，在千丝万缕的商业世界中找出精华的细节，以段落化的方式让朋友们在一小段文字的阅读中获得长久的思考。读者不用从头到尾按照顺序读本书，不管从任何地方翻开本书，均可没有障碍进行阅读。

　　人们评价一段相声好听或者小品好看时，往往会用"处处都是包袱"来说，而这本书，可以说每一小段都是这种"包袱"。我把短阅读、长思考作为自己知识输出的方向，期望读者每读上一小段，就能停下来静心思考一段时间，从中得到一些有价值的商业感悟，并在实践中落地。

　　由于这个原因，这本书写起来的难度比较大，很多东西都是一些商业思维的凝练，必须去粗取精、展示精华。

　　为了积累这些商业思考，我平时会把在看书中、旅途中、企业调研中、会议中，甚至课堂中偶然得到的内容都记录下来，这种碎片化思考，一开始只是在学生和朋友之间传阅。后来，我也慢慢推荐给我做企业咨询、培训或者考察过程中接触的一些管理人员阅读，他们有时也会推荐给自己身边的朋友。很多朋友都希望我把这些商业洞察再分类、再升级，整理成册交付出版，让它成为一本枕边书，供在商业世界打拼的人士随时翻阅。

这本书的基本素材来源于我的个人公众号"老刘商业洞察"中的"一周商业洞察"栏目第121～160期的内容，与前三辑一样，因为内容繁杂，尽管整理起来颇费周折，但还是会存在一些条目位置不当的问题。

如果你是一个商业上的实践者、研究者，抑或是学生，都可以拿起这本小册子翻一翻，相信一定会对你有所启发。这是《新商业思维》系列的第四辑，如果你觉得有价值，不妨把前面已经出版的三本也找来一起阅读。

刘国华

目录

第一章

商业趋势
与顶层思维

对于商业和管理，很多人的状态都是"不识庐山真面目，只缘身在此山中"。要建立对商业的洞察能力，首先就要抛开细枝末节，转而从趋势和顶层的高度去观察和思考商业，这样看商业问题、做管理决策，才可能抓到本质，帮助避免只见树木、不见森林的情况。

一、商业趋势

1. 从四个视角发现趋势

寻找或者判断商业趋势是很多人面临的难题，我们不妨从四个视角来简单对这个难题进行一下破解：

（1）看客户的变化。企业应该定期观察你的客户群体是否在发生变化，并且深度研究这些客户的思考方式跟十年前的客户有何不同。

（2）看消费习惯变化。不管是何种群体的消费者，每隔几年都会发生习惯的变化。而习惯又在很大程度上决定了一个产品是否流行和具有生命力。在各种群体中，尤其是年轻一代的喜好变化更值得关注，代表了未来趋势，决定着企业长青。

（3）看技术变化。重大的技术变革往往会掀起一股新的经济浪潮。从人类社会发展的历史看来，每一次重大的社会进步背后都伴随着重大的技术变革，因此，把握技术趋势对商业趋势非常重要。

（4）看竞争者的变化。企业应该思考今天的竞争者跟十年前的竞争者有何不同，他们在哪些方面比你做得更好，尤其是对于那些新出现的竞争者，需要特别的关注。他们有些可能从未在传统的竞争场所出现，却给行业带来颠覆性的改变。

2. 中国经济未来的三个判断

对于中国经济的未来前景，我们大致有如下三个判断：

（1）尽管受各种内外部环境的影响，短期中国经济市场化的趋势会遇到挑战，但总体市场化的潮流不可逆转。

（2）巨大的内需经常会得到进一步激发。中国中等收入群体占总人口的比例将近三分之一，这也是我们面对当前情况实施扩大内需战略的底气。另外，虽然服务业才是吸纳就业最多的产业，服务业会与制造业相协同，成为制造业不可分割的一部分，因此，制造服务业是未来面向制造业的生产性服务业，值得关注。

（3）经济数字化转型。未来不管是个体消费者，还是作为市场化组织的企业，都将走向全面的数字化。由此产生的数据也想从线下上传到线上，因此，未来对于云服务的需要会大量增加。

3. 未来 30 年中国发展预测

根据权威研究者的观察并结合其他机构的研究，对未来中国的发展进行预测：

（1）中国从中等收入迈向高收入国家，目标 2035 年达到中等发达国家水平。实际上，2021 年我国人均 GDP 已经提升至 12 551 美元，已经接近世界银行高收入标准。

（2）中国正步入老龄化社会。预计"十四五"时期，60 岁及以上的老年人口将突破 3 亿，进入中度老龄化。

（3）通用人工智能的出现。根据调查，大部分科学家认为相当于人类水平的通用人工智能大约会在 2055 年甚至更早出现。

4. 全球消费行为的两个明显变化

相关咨询公司在 29 个国家展开了一项全球消费者信心调查，结果发现人们的消费行为有了两个明显变化：

（1）商品的天然或者有机标签，对公众的吸引力有减少。造成这种情况的原因是前几年一些企业为了带有这种标签的某些作法，引发了消费者对此类商品标签的信任问题。

（2）人们的消费行为持续向升级或降级变化。消费升级和消费降级的变化，正在让消费者离终端市场越来越远。

从上面的观察来看，降级意味着企业成本压力加大，却又不得不面对。

5. 老年人上网与消费趋势

越来越多的老年人希望通过网络交流平台进行娱乐、购物、阅读等，微信、拼多多、趣头条一类的 App 在父母一辈中迅速流行开来。

这反映了老年人寻求精神文化慰藉的一个侧面。而从商业角度来看，人口年龄的下沉市场正在发挥巨大的潜力。最后，一些老年人过度上网的问题，应引起社会的关注。

6. 商业话语权从上游转向下游

商业话语权从上游向下游逐步转移，简单来说，经历了四个阶段：第一，是产品供不应求的制造业掌握阶段；第二，是产品供需开始平衡后的渠道掌控阶段；第三，是终端掌控阶段，诞生了众多连锁巨头，电商渠道崛起后，又转移到电商手里；目前，我们进入了第四阶段的消费者话语权时代。随着消费者崛起，关注并满足消费者个性化需求，抢占消费终端，成为商家求生存的努力方向。

7. 抢占消费端的趋势

并不是只有距离消费者最近的商家在抢占消费端，制造商、品牌商、平台商、零售商都在开始抢占消费端。

制造商抢占消费端，比如，服装行业的酷特集团（原红领服装）以智能化的生产线来满足消费者千人千面的个性化定制需求。品牌商抢占消费端，比如，可口可乐、江小白、小茗同学以场景化的文案和有趣好玩的营销活动来连接消费者。零售商抢占消费端，比如，盒马以智能化的一站式服务体验来争取用户。平台商抢占消费端，像支付宝、微信等平台直接实现商品与消费者的交易。

8. 未来的虚拟镜像商业世界

"镜像世界"这个词最初是由耶鲁大学的一位计算机科学家推广开来的。镜像世界里，不仅能够拥有现实事物的外观，还能展现其场景、意义和功能。消费者能够和它互动，全方位体验它，跟我们在现实世界中所做的一样。在镜像世界里，我们将能够像搜索文本那样搜索物理空间，能够把具体物体超链接到一个物理网络中。

9. 行业领头羊

未来中国做行业领头羊的企业，一定是有完善成熟的企业治理结构、正确的企业价值观、心怀世界的战略、超强的竞争力，及高韧性的抗风险能力。真正的好企业一定会把精力集中在提高效率和创新能力上，进入以效率和创新驱动为核心的阶段。

10. 及时性消费的趋势

随着新技术的应用，年轻一代的及时性消费逐渐增长。比如，很多人刷抖音时就马上想买一个同款的产品，而抖音又刚好提供了一个及时的链接，促使他们当即下单购买。

而且他们还会希望能够尽快、马上拿到商品。但是在消费冲动感退去后，一些消费者会对之前冲动下单的商品感到失望。因此，作为商家，一方面要为消费者提供真有价值、超出预期的产品，同时也要努力想办法在消费者下单后把服务做好。

🔖 11. 不要在过长的时间框架内预测未来

商业未来主义者一般会关注那些在社会中慢慢渗透的、有机会大规模流行起来的新模式和新趋势，由此积极预测未来的商业机会。我们认为，对于未来的思考无论时间长短，最重要的是要超越现在的思维局限。

但是随着社会在不断加速变化，时间长短这几个字值得重新思考。以前，商业未来主义者可能在几十年，甚至上百年的时间框架内进行预测。但是今天，商业未来主义者的预测思想框架就只能定为 5～10 年。所谓"计划不如变化"，任何超过 10～15 年的预测都可能成为徒劳，甚至即使在这个短的时间框架内，也还是难以预测商业趋势。

二、 顶层洞见

🔖 1. 根本没有 "成熟行业" 这回事

很多人会把"行业太成熟了"这几个字挂在嘴巴上，来为自己的失败或者无力找理由。其实，任何所谓的成熟行业都能实现增长，关键是企业领导者要学会拓展自己的视野，跳出行业和市场的传统定义。

以 20 世纪 80 年代的可口可乐为例，当时可口可乐在美国的软饮市场份额是 35%，很多证券分析师都认为可口可乐已经进入了一个相对成熟的市场，要继续增长会很难，何况还有竞争对手百事可乐虎视眈眈。但是当时的可口可乐 CEO 却提出：不要看可口可乐在美国或全球软饮市场的份额，而要看可口可乐在每个人每天喝的液体中所占的份额，要看在人们肚子里可口可乐"市场份额"是多少？这个思路让可口可乐的高管们一下打开了视野，从而把视野从软饮料对手身上转移开来，开始跟咖啡、茶、牛奶等其他饮品争市场，一下放大了市场容量。

✎ 2. 资源转化率的高低决定了商业模式的优劣

人类发展的不同阶段，例如：采集渔猎社会、农业社会、前工业社会、工业社会等，各自具备不同的资源转化模式。越是技术先进的时期，我们会发现资源转化的效率也就越高。在不同行业乃至同一行业的不同企业，也有着完全不同的转化模式，但总体是由低转化率向高转化率进化。

在效率更高的模式下，有些企业即便具有产品和技术上的差异化优势，也一样会被效率所淘汰。因此，在评价一个商业模式是否具有未来前景时，一定要考虑这个商业模式是否比之前更好地解决了效率问题。

✎ 3. 组织能力溢出才便于做新业务

当企业考虑是否可以做一个新业务时，首先要清楚一点：企业的组织能力是不是有溢出？

也就是说，企业当前的组织能力把现在一个业务或多个业务做得很好了，这时的组织能力还有剩余，就可以考虑去做新业务。否则，带来的结果很可能是什么都没有做好，新业务很可能会把原来做得还不错的业务也拖垮，得不偿失。

✎ 4. 抓不住市场机会的三个原因

如果你的企业总是习惯性错失市场机会，看看是不是犯了如下三个错误：

（1）贪婪。企业管理者想把所有机会都抓住，但资源和精力又支撑不了。

（2）管理上用人不当。即使有机会，但没有合适的人或者用错了人，本该抓住的机会没抓住。

（3）胆怯。眼里只盯住那些已经成功的领域，不敢尝试，没有勇气开辟新的领域。

5. 硅谷的过度承诺

"过度承诺"这个词是 20 世纪 80 年代在美国硅谷被发明出来的，指的是一项技术或者产品刚刚有点影子，就被人大肆吹捧，但实际上耗费数年时间才成真。

过度承诺反映了硅谷企业在营销上具有不负责任的倾向，微软、苹果、甲骨文都被人指责采用过这种不当的做法。至于为什么形成这样的文化，可能跟它们想通过过度承诺来换取早期的成长资金有关。

6. 科学家将成为下一阶段企业的真正领袖

20 世纪初，一股史无前例的科技浪潮席卷了世界。发明家和企业家们不仅研制出了汽车、飞机、无线电和电视，还打造了庞大的电网和电话系统。现在很多大家耳熟能详的大企业，其实都是在那个时候诞生的。

到了互联网时代，很多大企业的诞生，主要是凭借技术优势，想方设法去连接更多的用户。

下一个阶段，科技仍然是推动大企业诞生的主要力量，而作为科技的创造者，科学家将在大数据、人工智能等技术的加持下，成为下一阶段企业的真正领袖。

三、 商业思维

📎 1. 洞察商业与看海

洞察商业就像看海，不仅要看到海面上的惊涛骇浪，更要思考海面之下的暗流涌动。

商业的终极赢家不是靠表面浪花层的争夺，而是回到底层的暗流体系去找到机会。商业底层的暗流，也许看不见摸不着，却实实在在决定着、影响着很多商业模式和产品创新成功的可能性，左右公司的运行。很多情况下，看不见的东西比看得见的东西更重要。

📎 2. 商业的简洁能力

很多商业模式或者商业现象，表层上叠加很多复杂的东西，看上去很吸引人，实则无法推动商业真正的良性发展。高阶的商业能力，是要对复杂的事情看到本质，把烦琐的事情做得简洁。

要做到简洁，首先，是要懂，只有不懂的人才会把事情弄复杂，那些一知半解的人，会以为什么都重要，因此会增加商业的复杂程度；其次，还需要具备"舍得删"的能力，这既要有清醒的头脑，更要有足够的胆量。

📎 3. 企业应该主动吞噬自己

自我吞噬，是指一家企业应该主动淘汰一个产品或生产流程，或者以另一个成本较低的产品或流程来取代。

乔布斯认为，自我吞噬是一种避免被他人颠覆的手段。苹果当年决定开发智能手机，就是因为乔布斯知道，如果有谁能吞噬当时苹果大受欢迎的音乐播放器 iPod，那就是手机了。因为其他手机生产商，只需要把音乐播放器内置到手机中，iPod 就可能消失。

4. 办公大楼法则与摩天大楼指数

办公大楼法则是指，当一个公司的办公大楼落成的时候，往往也是这个公司开始走向衰败的一个征兆。摩天大楼指数则是说，当全球最高的摩天大楼要封顶的时候，往往也是这波经济周期快要到头，泡沫就要破灭的时候。

其中蕴含的原因是，一个公司盖办公大楼和摩天大楼时，也是管理者自信心开始爆棚的时候。他们盖楼从银行借到钱很容易，说明银行的流动性过剩或者银行批贷款的过程已经非常泛滥了。这就意味着经济过热，距离整个经济泡沫破灭就不远了。

5. 产业理想与企业长远发展

很多企业之所以能做起来，未必是老板自己多懂、多爱这一行，可能是行业正在风口上。他们只要抓住机会，招一些能干的人，就能把公司做起来，但从长期来看，这样的老板很难把业务真正做深、做强。

一个具有产业理想的老板，才会把这个企业做得更长远。如果一个企业的领导人公开发表的讲话内容均是从用户视角阐述，而不是表现自己的企业如何厉害，那这个企业领导者热爱行业的可能性就比较高；如果讲话核心内容都是各种数据的增长、各种投资机会，可能说明老板更在乎利润。

6. 确定性与不确定性机会的不同决策

就市场机会而言，无非两种：一是不确定性的机会，另外一种是确定性的机会。以三星为例，它的策略就是在确定性的机会前，不惜一切代价集中兵力抢占第一；而面对不确定性的机会时，三星就是四处布点、多处开花，但局势一旦明朗，就会集中兵力，重点突破。

这种策略让三星在全球很多确定性的领域都能做到第一，但在很多不确定的领域，它又跟很多厂家在抢市场，竞争产品品类繁多。

7. 简洁理解企业使命、愿景与价值观

使命要讲清楚企业到底在做什么事，也就是过去为什么而生、今天为什么存在、未来为什么而发展；愿景要讲清楚为了践行使命，企业在不同阶段可描述的清晰画面；价值观则要讲清楚企业在经营的过程中做事的原则，什么事情能做，什么事情不能做。

使命最重要的是"励"，能让员工有足够的渴望，给企业带来足够的驱动力，让员工真正愿意为使命付出；愿景最重要的是"实"，要能落到实处才会凝聚共识，让员工愿意为了这图景共同努力；价值观最重要的是"信"，价值观的可贵在于真正坚持，真正成为企业和员工的行动指南。

8. 幸存者偏差

幸存者偏差，简单来说，就是我们所看到的现象，其实是已经筛选过的结果呈现。比如"创意型广告能够提升商品销量"这个命题，你可以举出各种案例来证明观点的正确性，这就是一种典型的幸存者偏差。实际上，有大量创意型广告不能提升商品销量的案例，只是被我们忽略了，能提升商品销量的可能只占其中很小的比例。

对于创业者而言，不要看到了几个成功的案例就头脑一热，忽略了大量失败的案例。对这些失败案例的分析和总结，可能才是主要的。

9. 表象问题与本质问题

问题无非有两种：一种是基于表象的，一种是基于本质的。如果一个问题的有效时限太短，多半是表象问题。而本质问题一定是构建于更长时间线上，在趋势上决定表象问题。

10. 规则制度的衍生性

外国某地对骑摩托车的人曾有一项规定：骑摩托车的人必须戴头盔，否则会被当场处以比较重的罚款。这么做本来是为了防止骑车的人受伤，但罚款规定实施之后，摩托车的盗窃率出人意料地下降了 60%，此后还一直在下降。究其原因，是因为如果有人想偷摩托车，他还要先戴一个头盔或者偷一个头盔，这对盗窃者来说很麻烦，增加了偷车过程中的阻力。

这给企业的启示是：如果你想推广某个特定行为，就简化它，减小阻力；反之，就让它更复杂，增加阻力。

11. 极致思维与平衡思维

很多互联网公司都比较看重"极致思维"，原因主要是互联网行业从设计到研发，不涉及制造、物流等环节，试错的成本基本只有人工费和研发费，因此，相对比较容易就可以把东西做得很极致，即使不极致，也可以通过快速迭代达到"极致"。

但制造业无法像互联网行业一样。以汽车行业而言，其对产品的任何改动都是牵一发而动全身，即使想要改一个把手，也要涉及增加几百万元的成本去重新开发模具，花去大半年的时间。此外，门把手的供应商为了满足这个要求，需要动员下游供应商、上游设计团队、工厂制造团队，所有工艺都要重新调整。这就很难一次做到极致，需要在各个环节讲求平衡思维。

12. 企业变革中的 "固定桩"

学者从《谁说大象不能跳舞？》一书中总结出了一个叫"固定桩"的概念。攀登冰山的人，每隔一定距离就会在冰壁上钉上一个可以承重的钢钉。有了这样一个钢钉，他就可以相对安心地向上去攀爬。这就是固定桩，这样就算是偶有闪失，滑落到下面一个固定桩就会停止，不会因为一个小失误而跌落谷底，或者完全因为恐惧而止步不前。

企业的变革其实跟攀登冰山有类似的情形，也需要这样一系列有助于克服恐惧、激励向前的固定桩。有了这个东西，企业领导者就更容易解除自己内心中的恐惧，也有助于员工减少他们的不安和疑虑。

四、增长陷阱

🔖 1. 增长性思维的三种表现

一个企业是否具备增长性思维，主要看是否有以下三种表现：

一是整个组织的思考习惯是从外向内的，就是看顾客后再回看自己，而不是从内向外看；

二是在任何情况下都讨论增长，就是不断地问增长从哪里来；

三是鼓励内部去创新，持续用跟以前不一样的工作方式来实现目标。

🔖 2. 企业的内生增长与外生增长

企业的增长可以分为两种类型：一是外生增长，即在宏观经济向好时，受益于整体经济增长带来的市场扩大、人均消费水平提高、外部资本涌入等外部因素驱动的增长；二是内生增长，即企业依靠内部知识和创意带来的技术创新、商业模式创新、效率提高等实现增长。

从增长的可持续性来说，显然依靠内生增长的企业更富有竞争力，也具备更强的自生能力。但近年风口上的高增长企业，依靠的更多是外生增长。从具体行业看，电商类企业新增数量最多，一个重要原因是阿里巴巴、京东等电商平台逐渐成熟，依靠大型电商平台的小型销售类企业，可以利用平台低廉的渠道成本开展销售工作，线下的销售、贸易类企业转型为电商企业。对于很多企业而言，千万不要想当然地认为，增长就是本企业自己带来的，而不去思考内生增长的问题。

3. 企业发展的三个阶段驱动力

企业在不同的发展阶段，需要有不同的驱动力。

刚起步的时候，往往是市场驱动企业发展，该阶段的管理水平、创新能力都不见得非常强。当一个行业处在市场红利的环境中时，不少企业在组织建设上往往很落后。但过了这个时期，市场驱动力可能就没有了，就要开始以管理来驱动企业发展，这时企业就要把注意力从抓市场机会，转移到建设组织能力。过了这个阶段，企业也许会慢慢走向老化，这时就进入第三个阶段，也就是需要用创新延续企业活力的阶段。

4. 企业规模大可能是虚胖

很多企业管理者会对不断增加的企业规模和用户规模沾沾自喜，很少考虑这个规模是不是真正有效。

实际上，如果企业的规模不是由高价值客户贡献的，再大的规模都意义不大，不能称之为有效规模。比如一家 TO B 的企业，其年收入1 000亿元，但其中超过 80％是盈利状况堪忧的下游企业贡献的，可能就很危险。因为这些企业一旦遇到市场行情不好，就会集体亏损，自然也就无法再购买产品了。因此，这些客户本质上不是高价值客户，它们造成的规模就是"虚胖"，可以称之为非有效规模。

5. 判断公司有效扩张的角度

要判断公司的扩展是否有效，可以考虑如下几个角度：

（1）能否为扩张筹集足够资金？嗅觉足够灵敏的风险投资人如果愿

意为公司投资大笔资金，表明公司已经到了大规模扩张的时候了；

（2）公司能否吸引顶级人才？顶级人才往往经验丰富、视角精准，他们愿意加盟说明公司做的事情是靠谱的；

（3）创始人是否具备不断学习的能力？因为，即使有资金和人才，但创始人却无法把控这种扩张，常常就是灿烂一时，如过眼云烟。

6. 自然增长与有效市场

一个产品到底能不能形成有效市场，一个重要的判断标准就是：在没有资本推动下，企业能不能实现自然增长，否则，哪怕把互联网的网络效应、商业生态效应说得天花乱坠，最终也逃不了资金链的断裂。今天很多看似绚丽的企业，实际上都处在这样的危险境地。

在资本推动下的非自然增长创造的需求，很大程度上可能都是虚假需求。拔苗助长式的增长越快，越会掩饰企业真正的问题，企业离有效市场就越远。现在很多快速崛起又快速衰落的公司，之所以能在早期吸引很多人，是因为快速发展的数据掩盖了很多本质上的问题，最终让很多投资落空。

7. 资本驱动的企业外生增长会带来什么问题

资本驱动的外生增长存在一个致命的问题——资本的边际收益递减，即随着投资额的增加，产出的增长会逐渐降低，最终边际产出会降到零，甚至是负数。

这意味着，资本驱动的增长，很快会达到企业成长的极限，最终导致的结果无非两种：一是企业成长到较大的规模，行业呈现少数几家竞争的局面；二是企业在达到盈亏平衡之前就亏损退出，行业重新洗牌，会出现短期内注销关闭的情况。从近些年注销企业的数据来看，电商企业注销数量最多，O2O类企业从2015年起连续出现注销情况。

✎ 8. 小区域规模与大区域规模

假设有两家企业都是 1 亿元营收的规模，第一家 1 亿元的营收规模是由一个区域贡献的，第二家企业 1 亿元的营收规模是由三个区域贡献的。表面上，数据都是一样的，但是实际上第一家的规模更有效，因为能在一个区域就做到与三个区域同等的营收，说明产品的渗透能力非常强，市场认可度较高。

有些连锁企业会犯的错误是：不顾单店是否盈利，首先想到的是形成各个区域的规模。正确的做法应该是先单店盈利，然后再陆续一家家开能盈利的店，这样的规模才是有效规模。

✎ 9. 企业的长期主义

长期主义要求企业在创办之初就志在长远，具备长远哲学。长期主义实际上是专注力和连续性的叠加。有了专注力，企业才能持续地改善效率，才能促进分工的深化，才能激励创新。企业要想实现长期主义，必须在微观层面强化专注力，而宏观层面要在多个方面解决连续性问题。

信奉长期主义的企业应该坚持三个基本原则：具备使命感，使命感决定了商业组织能走多远；坚持价值观，商业组织必须坚持一个足以成为行业标杆的价值观；构筑严格标准，粗制滥造的产品不会有未来。

✎ 10. 衡量公司稳健性的三个指标

一个著名的企业管理者认为，衡量一个公司稳健性的三个指标分别是：现金流、客户忠诚度和员工敬业度。从三个指标看来，现金流可以说是企业生产经营活动的第一要素，决定了企业的盈利质量；客户忠诚度一定程度上支撑现金流的市场要素，反映了企业业务的稳定性，很多流量型产品往往很难在这个指标上表现得很好。另外，员工的敬业度是产品或者服务质量稳定性的保障，亦是客户忠诚度稳定性的重要来源。

五、投资眼光

1. "金钱头脑"

"金钱头脑"是查理·芒格提到的一个词，意思是一种能自动理解投资和金钱的思维或意识。

在90多年的人生阅历中，芒格发现，人们要么拥有"金钱头脑"，要么就没有，如果没有，就很难把这种意识激发出来。芒格说跟巴菲特在管理公司时有一个秘密，就是把权力交给拥有"金钱头脑"的人。

2. 鞋扣理论与能力圈原则

鞋扣理论来自查理·芒格一个同学的父亲，这个同学的父亲早期很快占据了整个鞋扣市场，然后就开始认为自己是全能专家，对所有事都高谈阔论、指手画脚。

芒格听说后，时刻以此警惕自己不要变成这样的人。这个警惕也影响了巴菲特，他给自己圈定了一个能力范围：钱、投资和自己的生活，除此之外，既不花时间研究，也不指手画脚。这就是巴菲特投资的重要原则——能力圈原则：不需要通晓每一家公司，而只在自己真正了解的企业中做选择。

3. 上市公司的财报时间期限更长会更有利于公司吗

如果上市公司用半年报告代替季度报告，会更加推动企业的长期思维吗？很多人认为，季报会让公司被短期思维主导，不赞成每三个月公布一次财报。

不过，有权威人士称，即使取消了季报也不会阻止企业短视，反而可能增加对投资者的不透明度；季报没有阻止众多知名公司依靠长期思维赢得投资者的青睐。此外，取消季报也会在投资者中造成不公平，对能跟管理层保持沟通的专业投资机构有利，对普通投资者不利。

4. 关注价值而非价格

不少企业太过关注价格，为价格牺牲价值，而不是反过来为了价值敢于提高价格。其实价格更高的产品，会降低市场教育的成本，成为一道用户过滤器，吸引真正认同产品价值的用户，有利于企业的长期发展。

5. 有技术与有价值

风险投资领域有一句著名的话："最好的技术很少能赢。"意思是说，如果一款产品没有给用户提供足够的价值，即使有足够的技术，也很少能赢得市场。

遵循此原则的公司很少会用最先进的技术，而往往是等技术更成熟时再用，总是力求为用户提供更好的价值而不是新奇。

6. 致股东的信不回避问题

一位著名企业家致股东的信有个突出的特征，就是从不回避问题和质疑，非常坦率地讲出自己的想法。比如他在第一封致股东信中就说，公司不会考虑短期的利润和股市反应，而是更看重长期竞争力。他不会掩饰失败，反而会宣布不管面对多少失败，都会继续试验新业务，那些不喜欢这种方法的人，可以卖掉股票。这位企业家会清楚地讲出自己思考问题的方式，他是怎么想的、怎么做的、怎么失败的，又从中学习到了什么。

在致股东信中公开讲明白自己的策略，最大的好处就是让那些不喜欢这种策略的人，可以尽早离开；而那些真正喜欢和信任公司及其策略的人，可以持续持有。这其实也是在对投资者进行反向筛选。

7. 投资标准

一家上市金融投资机构，有很多很成功的投资案例。在选择投资的标准时，该机构主要考虑四点：

（1）是否处在一个巨大的市场中？因为只有一个巨大的市场才能产生一家伟大的公司；

（2）公司竞争优势和业务模式是否能持续？如果一直变化，优势就会被消解；

（3）只考虑市场的前两名，因为他们认为新经济行业投资后面的公司意义不大；

（4）投优秀的团队，好团队能保证公司的稳定性，不是只能赢一把。

从以上四个标准可以看出，这家金融投资机构经营者有两点考虑了市场因素，两点考虑了企业本身的实力。值得注意的是，他们考虑的是市场容量大，而不是很多投资机构考虑的所谓蓝海市场。另外，稳定性和可持续性是他们考虑中很重要的关键词，而不是是否处在风口。

8. 不一样的投资策略

一般的标准风险投资，是在创业公司早期进行小规模投资，然后随着公司的发展，在后续融资中继续追加投资。而一家著名基金公司的投资策略却是制造王者，一开始就巨额投给最成功的科技创业公司。它看项目有三个判断标准：

（1）商业模式必须是颠覆性的新模式；

（2）产品或服务的市场必须足够大，用户必须呈指数级增长；

（3）这家企业必须有望成长为绝对的行业第一。

　　对于看准的公司和领域，该基金不会在公司的早期阶段进行投资，只会进行超过 1 亿美元规模的后期投资。背后的逻辑是初创公司在这个阶段已经积累了足够多的实际用户数据，足以证明自己的商业模式是个成功的模式，有望成长为行业第一。在这种大额的投资模式下，头部的创业公司在获得基金投资的情况下，可以不用着急上市。同时，传统的风险投资公司很难再投这些头部公司，因此，愿景基金也鲜有竞争对手。

第二章

创业与创新

创业与创新是一对相辅相成的概念，创新是创业的手段和基础，而创业是创新的载体。创业在某种程度上意味着创新，缺乏创新的创业只能短时间存在或很难做大做强。即使企业热情很高，如果创新意识和创新能力不够，就会局限在表层。

一、创业的常识

1. 创业公司应该具备的三个能力

尽管很多创业成功的公司不见得一开始都有良好规划，也是边干边调整，但是要想让创业有较高的成功率，成为一家好的创业公司至少要构建三个能力：

（1）能为用户持续、稳定地创造独特价值。创业者要持续思考公司到底有什么价值是别的公司取代不了的，创造什么样的稀缺价值。

（2）能构建较强的竞争壁垒。如果构建的壁垒低，很快就会被更具有资源优势的公司挤出市场。

（3）有稳定的收益能力，能实现复利效应。一开始可能盈利能力并不强，但如果业务方向能坚持，而且能持续改进优化下去，复利效应就会很强。只要每天保证比昨天好1%，两年之后就可以创造1 428倍的收益，但如果经常调整业务方向，那就很难有复利效应。

2. 创业者需要掌握的三种信息

《创业四步法》的作者，也是一位连续创业者。他认为创业者需要掌握三种信息，有利于更好地理解用户及自己的公司：

（1）第一手信息；

（2）全局视角信息；

（3）客户和竞争对手视角的信息。

要获得第一手信息需要创业者离开办公室，去跟现有和潜在的客户进行交流；全局视角的信息主要是指一些宏观和中观层面的信息，比如宏观信息、竞争格局等总貌信息；要获得客户和竞争对手视角的信息，创业者需要把自己放到竞争对手和客户的位置思考，以便于推断竞争对手可能的行动并预测客户的需求。

3. 初创企业员工的适应能力和接受变化的能力

初创企业发展变化很快，一个员工可能常常会被安排到新岗位，要快速适应新岗位，这时候就会产生压力，并且压力会持续很长时间。因此，在挑选创始团队成员时，适应能力和接受变化的能力是非常重要的考量因素。

对于创业企业而言，有经验的人不见得就是团队的最佳人选，尤其是在一个变化很快的行业。在这样的行业中，一个人的行动力和理解力其实要比经验更重要。此外，具备适应能力的同事能够以开放心态接受新想法，而经验丰富的人却可能局限在过往的经验中，不愿意变通。

4. 好投资机构对创业者的帮助

好的投资机构，首要的自然是为企业筹集资金，但真要推动初创企业的健康成长，还应该提供一些其他的帮助。

首先，好的投资机构应该帮助所投资的企业扩展人力资源，帮助招聘人才、争取客户。

其次，好的投资机构是情报信息来源，能让企业更好地为未来可能出现的挑战和机遇做好准备。

最后，好的投资机构要能使自己相当于企业的联合创始人，能让那些很有实力的创业者也能从中快速学习到经验。当然，好的投资机构不应该过度参与初创公司的管理。

✎ 5. 创业公司的股权设计

创业公司如何设计股权是件令人头疼的事情，最简单的思路是要大而不独，也就是要保证大股东的权益，又能营造一种同心协力的氛围。大而不独是股权设计的基础，在这种前提下，可以考虑根据能力来设计股权。

✎ 6. 个人知识在组织中的比重决定合伙人的分量

知识是初创企业的一种重要资产。对某些企业来说，知识的价值甚至高过物化资产的价值。一个企业所使用的知识可以分为两类：组织知识和个体知识。其中，组织知识如企业的专利、工作流程等，即便有人离职，组织仍然拥有这些知识；个体知识，如经验、天赋、能力等，只要这个人离开企业，企业就不再拥有这些知识了，个体可以把这些知识带到别的企业去。

如果一家企业的个体知识在整体知识结构里占比很高，那么拥有知识的个体就应该被纳入合伙人体系，成为企业的重要资产被保护起来。

✎ 7. 合伙人制度是公司政治权力的重构

合伙人制度，某种程度上重新构建了公司治理结构。无论股本大小，合伙人在表决时每人都有均等的一票。如果企业中的灵魂人物是企业的发动机，那么合伙人的这个表决制度就像一个刹车系统。

企业前行的方向和速度不是完全取决于发动机，而是发动机和刹车系统这两者之间的配合。当然，刹车系统也会在一定程度上降低办事效率，甚至让企业错失良机。

✎ 8. 简单粗放式的创业模式失去效力

移动互联网红利期，涌现了很多小公司逆袭翻盘巨头的故事，这种情况在未来应该会大幅度减少，原因是在互联网市场红利很多的情况下，意味着市场空白也多，因此小企业可能非常普遍。但随着初期红利消失，整个市场产业链上下游的套利空间就越来越透明，短期来看，创业会进入一个以实力论的竞争格局。

在过去的市场里，谁敢突破边界，谁的营销手段更迅捷，谁就可能成功。现在不同了，过往简单粗放但十分有效的创业方法论很难有效了。

9. 创业的减法

对于创业而言，一味扩张并不是明智之举，可以考虑在如下几个方面做好减法：

（1）收窄目标，让公司的能量能够集中起来；

（2）精招人员，给少数非常优秀的人发高工资以实现卓著的成绩；

（3）精简产品，直到真正开始渗透一个市场后再出新产品；

（4）清理项目，设定有限数量的实验项目；

（5）少引入投资人，否则大量的投资人会把公司变得更加复杂；

（6）把时间花在现场解决问题，而不是无休止开会；

（7）简化办公室，尽可能地创造一个简单的企业文化。

10. 创业的终极问题

一位顶尖投资机构的合伙人，他本身也是创业者。他认为，关于创业的所有问题最终只有两个：那就是耐心和步调。耐心意味着坚持，目标不要左右摇摆；步调意味着有自己的节奏，既不要激进，也不要随意放慢脚步。

11. 创业公司往二、三线城市发展

越来越多的创业者和公司开始往二、三线城市发展，许多很火的互

联网品牌并不诞生在一线城市。类似的情况随处可见。

造成这种现象的原因主要有三个：

（1）生活成本大幅提高，主要是人工成本、物价、办公室租金及住房价格都上升了很多；

（2）地区的人越来越多，导致交通等问题让当地居民不满意；

（3）创业公司的工资水平很难和巨头进行竞争，因此无法抢夺优秀的人才。

二、创新的方法

1. 熊彼得提出的创新方法

被誉为"创新理论鼻祖"的著名经济学家熊彼得提出过五个创新方法论，现在读来依然不过时，很多正在发生的创新都离不开这五个视角：

一是创造一个新产品，或者给老产品一个新特征；

二是创造一种新的生产方式；

三是创造一种新的原料，比如从大理石到瓷砖，就是新的材料带来的创新，其实也是改变了成本结构和性能；

四是开辟一个新市场，而不管之前有没有这个市场；

五是创造一个新的商业组合，建立或者打破一种垄断。

从熊彼得的这五个视角来看，他所强调的创新并非完全颠覆式的技术创新，很多时候是先有产品或者业务的重新变通。对于头部企业而言，可能要把视野放在颠覆性的技术创新，但是对于绝大部分的中小企业而言，颠覆式创新显得可望而不可即，转而做一个变通式的组合创新不失为一个方向。

2. 创新的路径

（1）确立创新的原点：创新的原点就在顾客价值，而不是其他。企业家不能失去顾客视角，顾客价值是检验创新有效的最终标准。

（2）化解同质化竞争：产品创新、技术创新、管理创新要形成自身独有的价值，防止被复制。

（3）改变运营思路：用一套老的企业内部运营动作，是很难把创新思维落地的。

（4）尝试在某一点上引领行业，不如在一个产品的全环节做到行业领先。

3. 平台型创新企业和价值型创新企业

平台型创新企业，其核心作用是传递价值，为其他企业赋能。平台型创新企业的目标，就是要做到通过自己的助推，增加其他企业的价值传递效率。价值型创新企业，其核心是创造价值，创造价值是整个社会发展的最底层动力，因此价值型创新企业是很伟大的。

如今在传递价值方面的效率已经非常高了，也就是平台型创新企业已经有不少，且有些巨头已形成了系统生态。但经济如果想获得最底层的支撑，还需要多多涌现一些价值型创新企业，把模式转换到创造价值上来。

4. 企业创新失效的四大原因

如果企业创新失败，不妨从以下四个方面找找原因：

（1）基于企业内部的"自嗨式"创新。不少企业都是基于自身，而非客户的逻辑来创新，因此创新多属于"自嗨式"创新，是为了创新而创新。

（2）创新和商业化之间的错配。很多企业在创新时仅遵循了技术逻辑，而忽视了顾客导向，造成企业斥巨资研发的产品新鲜出炉，但是消费者不买账。

（3）惯例和路径依赖阻碍创新。企业通常会在既往创新活动中形成惯例和路径依赖，从而"绑架"后续创新活动。正因为如此，很多企业曾经的先发优势也往往蕴藏着潜在的危机，成为"先发劣势"。

（4）企业家精神的缺失。企业家精神缺失，意味着企业家开始追求利润、小富即安，面对压力萌生退意，这样一来就很难促进创新。

5. 宽松的员工环境能带来创新吗

在鼓励创新上，有的科技公司允许员工把 15％ 的带薪工时用在副业上，还有的更是增加了可用于创新的 20％ 自由时间。不过，这种宽松式创新规定并不鼓励所有公司去学习，因为很可能无法带给公司预期的效果。

根据员工的专业水平和自认的创新能力，可以将员工分为四类：

（1）专业水平高，创新能力强；

（2）专业水平高，创新能力弱；

（3）专业水平低，创新能力强；

（4）专业水平低，创新能力弱。

公司员工会偏向第一类，营造宽松的环境是可以的。相比之下，其他三类员工的创新动机不是很强烈，就很难从宽松式创新规定中获得足够的回报。

6. 打造团队创新能力的方法

打造团队的创新能力，可以考虑如下三种做法：

（1）尽可能创造机会让不同部门的人见面。一家动画公司不同团队的成员每天都会凑到一起，说一下自己找到的素材，了解彼此都有什么素材和观点。公司大楼设计了很多长廊，这些长廊能让大家有时间在路上遇到其他团队的成员，这样大家就有了一些交流的空间。

（2）充分利用人们不同的思考方式。不同的观点是一笔财富，团队领导者应该充分激发和利用大家的不同观点。

（3）鼓励观点碰撞。领导者要让大家围绕一些具体问题发生一些观点碰撞，甚至可以用较激烈的冲突来激发更好的想法，让最终的结果能够超越各自原有的观点。

7. 小型团队比起大型团队更具创新性

为什么小型团队的创新力更强呢？因为比起在大群体里工作，人们在单独工作时更容易产生新想法和灵感，而且不那么容易受到外界影响。相关研究发现，在头脑风暴时，人们以小组为单位来讨论，往往不如他们作为个体时贡献的想法多。

8. 极度重视透明与创新

在一些公司，老板或业务高管面对新事物和新提议不愿承认自己的无知，惧怕下属挑战自己的尊严，用权威而非公开充分的讨论来做决策，这种文化最终导致的结果就是，员工不敢提创新的想法，企业越来越失去创造力。创新能力强的企业，都非常重视透明的企业文化。

《原则》一书中认为，一个治理良好的公司文化应该是求真和透明的。这类公司往往不掩盖问题和分歧，而是公开妥善解决，促使创新和创意可以自由生长。缺乏透明会让人不敢开心扉，从而扼杀创新行动。

三、产品创新理念

1. "事前验尸" 决策法

一个新产品创意产生后能否赢得市场，是非常不确定的，这时往往需要考虑最好的情况和最坏的情况。在考虑最坏情况时，企业可以尝试采用一种叫作"事前验尸"（pre-mortem）的方法。这种方法是指，事先假设自己要做的事情失败了，然后找出可能导致这件事情失败的各个环节的原因，仔细分析之后，企业就可以有针对性地采取措施进行预防，在第一时间做出相对更好的决定。

当然，对市场不能总是悲观，也要把未来场景的最好情况尽量形象化，如果企业员工没有对未来感到兴奋，很可能就不值得去做。

2. 进步一点点的新方案是无用的

很多产品经理认为，针对竞争者只要能提出一种新的解决方案，就一定能从竞争者那里抢来用户，不论这个新的解决方案是进步了一点点，还是进步很多。

但实际上，如果新的解决方案只是进步一点点，是很难取得成功的，原因很简单，用户的转换惰性很高，不会因为一点点改进就去改变他们的使用习惯。因此，新方案要比现有方案好很多才能改变用户的习惯选择。

3. 用户更换产品的公式

当一个用户想转换产品时，本质上他一定是觉得这个产品的价值大幅度超越了原来使用的产品。这一点，我们可以从下面的公式看出来：

$$产品价值＝新体验－旧体验－转换成本$$

上面的公式告诉我们，新旧产品体验的差值，要高于转换成本，用户才会觉得有价值去转换，这也解释了为何一个产品一旦取得领先地位，就很难被对手颠覆。追赶者只有做出比领先者体验优秀数倍的产品，用户才会克服转换惰性去转换。

4. 开发新产品时一定要进行用户调查和小范围测试吗

大多数公司开发新产品时，都会进行用户调查和小范围测试，也会花费大量时间和资源去评估哪些功能更合适。但以简单易用和颠覆性创新而出名的一家公司认为，这种测试是无用的，除非把产品真正投放到市场中，否则永远也不知道答案。

他们认为，只有当消费者在自然环境下购买或者使用自己的产品，才是真实的动机，企业才会得到真正的答案，任何其他方式都是模拟，包括用户调查和小范围测试。

该公司的做法很极端：在推出产品前，不会向客户展示任何东西，也没有验收测试，不会像其他公司那样，去问目标用户愿意为自己的产品付出什么价格或者对自己的产品是怎么想的。它的做法是，确定一个想法，然后在很短的时间内组建一支小团队，再快速推向市场，从中学习。

5. 华为的多梯次研发策略

多梯次研发策略是指，从科学样机、商业样机、多场景化样机到全简化样机的周而复始的循环，由此分成了 A、B、C、D 四个梯队。

A 梯队只负责做科学样机，科学样机的目的是论证理论的可行性，不需要考虑成本高低；B 梯队负责在科学样机基础上发展商业样机，要研究适用性，考虑生产、交付和维护的成本；C 梯队要考虑用户需求的多场景；D 梯队要用普通零部件和容差设计制造出最好的产品。所谓容差设计，即在追求整体最优的情况下，可以允许部分部件不是最优的。

6. 华为的研发体系

华为在研发流程和管理体系中，区分了研发的三个方面：面向未来的研发、客户需求导向的产品开发，以及怎么把产品制造出来的工程能力和技术研发。

这三个方面在每一年的研发投资预算中都是分开的，各自的投资范围也都是由各自的团队做决策。华为历史上，面向未来研发部分的投资预算占到总研发预算的 10%，并且在近些年逐步提升到接近 20%，未来可能达到 30%。对 5G 的研发投入决策，就是由面向未来研发的投资部门在 2009 年做出的。

7. 互联网产品的甜甜圈测试

"甜甜圈互联网产品"，是指那些能让人们的生活更轻松，甚至可能给他们带来瞬间快感，但从长远来看会让人陷入沉迷而无所得的产品。尽管这类产品给企业带来了大量的收益，但是从社会责任角度而言应该不生产或者少生产。

有人提出，在做互联网产品前要做好甜甜圈测试，以防范这种产品，这种测试包括五个简单问题：

（1）它是否减少了人们独自使用的时间？

（2）它能帮助人们多运动吗？

（3）它对你和你的家人/朋友/社区有好处吗？

（4）使用后会让人感觉更好吗？

（5）人们使用得越多，受益越多吗？

8. 短期反馈的价值

牙膏这种产品刚生产出来时是没有任何味道的，产品销售一直不温不火。后来，白速得牙膏创始人霍普金斯在牙膏成分中加入了柠檬酸、薄荷油等物质，这样，人们在刷完牙之后会有让人舒服的香味，让人们觉得口腔确实变得更干净了，自此，牙膏这种产品才卖得越来越好。现在，每天刷完牙后清新的香气也成了口腔清洁的标志，要是刷完牙呼出一口气没有香味，人们会怀疑是不是没有洗干净。

从产品体验的反馈机制上来看，这种香味就是牙膏带来的短期激励，相比刷牙能清洁口腔这个长期才能感受到的结果，香味给出的短期激励更加容易被消费者感知。

牙膏的这种做法给企业带来的启示是：每一次商业行动都需要有短期激励，及时运用这种短期激励会给用户带来惊喜。另外，反馈还需要经常变化，否则短期刺激会随着时间的推移而丧失吸引力。

✎ 9. 爆品思维

爆品思维简单来说，就是做好设计感，做好性价比，但凡那些曾经火爆一时的商品，基本上都是这个套路，原因其实不复杂，就是一件设计感更好的商品，本身就能带来更多转化，如果再加上便宜，自然能带来更大的转化率。

但是我们应该特别注意，那些一开始就靠补贴而来的爆品，大概率最后都会快速走向失败。

✎ 10. 自带流量的产品

依靠外推的流量成本如今已越来越高，那能不能让产品自带流量呢？当然可以，但是对产品有要求。

一般来说，一个自带强大流量的产品应至少具备三个基本特质：

（1）基础价值有保障。一个餐馆连味道都不好，即便是网红店也只能火爆一阵子。

（2）吸引点准确且极致。产品研发者应具备一种去完美化的能力，只给消费者最需要的并做到最好，而不是面面俱到，否则会使得产品看上去很美，却缺乏极致的爆点。

（3）在性价比上具有绝对优势。

✎ 11. 尼达利的产品淘汰方式

家居巨头尼达利每年都在不断地进行商品的迭代和更新，他们要求所有的产品每年必须更新 70%，这个比例远远超出很多人的想象。尼达利买手部门的考核内容之一就是更新率，如果做不到，考核分数就会很低。另外，与很多人的直觉不一样的是，那些卖得最好的前 20％ 产品反而会最先被淘汰。他们对此给出的理由是，那些卖得好的产品很快就有人来模仿，所以必须先换掉以赢取下一波好产品的时间。

尼达利有三种淘汰更新方式：

（1）类似的商品、类似的功能，但是新一代上市以后价格更便宜；

（2）维持原来的价格，但是给这个产品增加新功能；

（3）一样的价格、一样的功能，但要把产品的设计做得更新颖。

✎ 12. 乐高的产品思路转向

20 世纪 90 年代以来，由于视频游戏和其他电子产品对儿童的吸引力越来越大，给传统玩具制造商带来了很大的挑战，这直接导致 2004 年乐高公司出现巨额亏损，几乎接近破产。乐高公司对此进行了充分的反思，开始转变思路。

他们把问题从"孩子们想要什么样的玩具"，变成了"孩子们的需求是什么，以及游戏在儿童生活中发挥着怎样的作用"，结果发现游戏对孩子来说，实际上是一种逃避现实的途径。在游戏中，他们可以大大方方地投入一种避开父母随时监管的活动，并体验个人的成就感，这个发现给乐高提供了一个全新的视角。在调整了产品线之后，乐高成为行业领头羊。

四、 新产品设计

✎ 1. 无意识设计理念

深泽直人是日本多摩美术大学教授、无印良品设计主顾问，为苹果、三宅一生、东芝、日立设计过产品，他提出了一种被称为无意识的设计理念。深泽直人认为，一个人下意识做出来的动作和行为，才符合人最自然的欲望，也反映了人最直接的需求。设计师应该抓住这种无意识的瞬间，并运用到设计中，将之转化为可见之物。

比如，一般人坐电梯时喜欢靠在角落里，因此他设计了无意识电梯，把电梯的四个角设计为有棱的圆弧形，并且在四周都安装了扶手，为乘客的直觉行为提供一种安全感。深泽直人希望给人提供一个不用思考、不用多想的生活空间。设计与时尚不同，时尚有时候需要制造违和感，给消费者提供感官刺激，而设计不应该制造违和感。

✎ 2. 鼓励用户放下手机是未来设计的一个方向

人们的时间越来越多被手机占用，而且无法自拔。人们之所以放不下手中的智能设备，很多时候是因为害怕错过一些重要的信息。

反其道而行之，未来软件设计的一种趋势是如何鼓励让人们放下手机，这对家庭、社区和社会都会产生积极的影响。

✎ 3. 不方便的设计为何也是一种人性设计

很多人坐高铁去车站取票时会发现，取票时放身份证的地方是斜的，身份证放在上面会自动滑落，但最开始时，取票机放身份证的地方是平的。为什么会发生这种变化呢？

平面的设计看起来很方便，但很多人拿完票，就忘了把身份证拿走。取票机放身份证的地方改造成有坡度的设计后，会让人们在取票时手不能离开身份证，这样就不会忘记拿走身份证了。

✎ 4. 设计不能紧盯着产品外观

乔布斯关于设计的一段话，很值得产品设计者们反复琢磨。他说："多数人错误地以为，设计就是产品的外观。人们以为设计就是装饰——把盒子递给设计师，命令他把盒子变好看，其实这不是设计的含义，设计不仅仅是看起来、摸起来如何，还事关产品如何工作。"

经常看到一些美术专业出身的设计师，他们的目标是把产品外观设计得好看，而没有从产品内部开始考虑全流程的体验感，这就是很多产品好看，但最终却留不住用户的根本原因。

5. 产品设计的努力目标是去掉产品说明书

很多产品都有说明书，有的甚至是厚厚的一本，说得难听点，这其实是一种偷懒行为，等于是把本应该企业自己通过设计让产品清晰明了、让事情便捷易行的工作，交给了用户自己去完成。

企业对产品设计的目标，要做到通过合理的设计让产品本身发挥指引性的效果，而不需要用说明书引导，即使说明书必须存在，也尽量让它简短明了。这一点上，小米就做得非常突出，其产品说明书就非常简洁，甚至可以不看，因为你看到产品就知道如何操作了。

6. 产品传播的卖点不能太多

如果企业把产品的一堆卖点进行罗列，很难打动用户，原因是卖点太多，目标就太过分散，文案也不能聚焦。产品传播时，一定要牢牢抓住能打动用户的一两个关键点，其他卖点也可以用，但一定是与核心卖点相协同。另外，每个卖点都需要经过验证，与用户需求结合起来进行验证后的卖点，才是能打动用户的卖点。

7. 做好产品的核心功能

好的产品并不需要太复杂，核心功能反而要足够简单，要一打开产品最好就是核心功能，路径不超过三步，且每一步之间的衔接足够自然合理。

核心功能如果想充分调动用户，那一定要把握人性。另外，由于很多人生活已经足够艰难了，因此在功能上要唤起人们对所有美好的向往。他们需要的东西不一定多高雅，但要让他们觉得美好。

8. 多巴胺类型的产品

相对于功能性产品，多巴胺类型的产品会更让人兴奋，更能被记住。当然，在大多数情况下，功能性产品和多巴胺产品并没有那么泾渭分明，多数产品既有功能性的一面，也有多巴胺的一面，以维持用户愉悦和功能满足上的平衡。

用户会因功能性而选择某一品牌，却因多巴胺而记住某个品牌。每个优秀的产品都有自己的多巴胺按钮，让产品在满足功能性需求之外，增强用户日常黏性与依赖。消费品最好的模式就是让人上瘾，而上瘾最好的办法就是多让消费者分泌多巴胺。

9. 产品的自然增长性

张小龙在 2019 年的新年演讲中提到了他坚持的产品原则：一个新的产品没有获得一个自然的增长曲线，就不应该去推广它。比如，在微信诞生之初，基本上没有进行推广，张小龙和团队只是想看微信这样一个产品能不能吸引用户，以及用户愿不愿意自发传播，如果用户不愿意，再怎样推广也是没有意义的。微信 2.0 从开始的时候，就出现了一个曲线增长，虽然当时增长不是很快，但它是自然往上走的，这时候他认为就可以进行推广了。

现在很多所谓"爆款"产品快速消失的原因，实际上是因为把推广期提前了，这让人们对很多产品经济形成一种错觉，以为快速增加的销量是产品好带来的，没有意识到产品其实不行。

10. 怎么判断自己的公司或产品是否特别

咨询公司普华永道的合伙人大卫·克拉克认为，判断自己的公司或产品是否特别，可以从四个视角展开：

（1）亲朋视角。如果你经常会被亲朋好友问：公司最近在做什么？下一个产品什么时候发布？那么说明你的公司和产品很特别。

（2）顾客视角。大部分公司都通过营销来传播自己，只有少数公司能通过口碑来建立业务。如果你所在的行业，大部分公司在广告和媒体购买上花费巨大，但你的公司广告预算小于竞争对手，或是当你的客户群和销售增长时，你的广告预算却在萎缩，这就说明你的公司或产品很特别。

（3）员工视角。好公司不仅会为顾客创造良好的体验，还会创造一种员工对公司有强烈依恋的环境。

（4）产品视角。特别的产品不能只是人们想要的一个东西，而应该是人们必须拥有的一个东西。

11. 产品契合市场理论（PMF）

产品契合市场（PMF）理论源自网景联合创始人马克·安德森，是指再好的产品遇到糟糕的市场环境也会失败，而差的产品就算遇到好的市场环境也会同样失败，只有好产品遇到好市场才会同时发生良好的化学反应。

产品要契合市场，首先是有好产品，其次是有适合的市场环境。任何初创公司或者新产品，生命线都可以分为两部分：产品契合市场以前（BPMF）和产品契合市场以后（APMF）。如果企业处于BPMF阶段，专注实现产品契合市场就是创始人唯一重要的事情，甚至可以因此不惜更换团队、重新定义产品或者进入不同市场。在BPFM阶段，可能用户没有从使用产品的过程中感受到价值，产品口碑普通甚至很差，用户数据增长也很慢，产品的销售周期长，甚至可能退货或者烂尾。产品通过市场考核，在APFM阶段便会有用户蜂拥而入，各类数据都指数级上涨，产品经理能够很明确地感知产品成功契合市场。用户将产品主动分享在社交媒体，分享的用户数量以及分享速度，是实现产品与市场契合的重要信号。

📎 12. 提升竞争力与品质的方法

很多公司对如何提升竞争力和品质没有头绪，这里简单有效的方法是：

一是去找超级公司合作，通过他们的严苛要求逼迫自己进步；二是关注那些最挑剔的客户。他们往往对产品要求很高，刚开始时会让企业很难过，但只要过了这道坎儿，就会让整个产品体验感获得极大的提升。

第三章

洞察用户与品牌

　　没有用户就没有商业，了解用户是商家必须学会的一项基本功。彼得·德鲁克曾说，赢得竞争就要着眼于用户，企业的唯一目标就是要创造顾客。成功的企业，往往都有对用户需求和品牌本质的深刻理解。

一、 洞察用户

1. 专家型用户的崛起

目前新生代消费者已经展现很强的消费能力，但他们又是最难被品牌主摆平的一类消费群体，其原因之一在于新生代消费者明显呈现专业属性。

根据《腾讯"00后"研究报告》数据显示：66％的"00后"表示很多决定都是我自己做的；72％的"00后"表示在某个领域的深刻见解更能代表自己；73％的"00后"表示会主动获取资源发展自己兴趣领域；69％的"00后"表示遇到问题问过专家后，依旧会自己查资料。从这些数据中可以看出，"00后"有着独立思考、反权威、崇尚内容深度的倾向。这份报告还指出，60％的"00后"喜欢的品牌在自己经营的领域有独到的见解和成果，而仅有16％的"00后"认为意见领袖推荐的商品更可信。

2. 福格行为模型

福格行为模型是一个商家用来探寻用户行为的好工具。商家如果认真研究这个模型的具体含义，一定对理解产品卖不动有很大的帮助。

该模型认为，要让一个行为发生，必须同时具备三个元素：动机、能力和触发器。也就是说，只有当一个人有足够的动机，并且有能力去做到，而且有能力触发用户行动的触发器来刺激的时候，一个行为才最终可能发生。

3. 用户测试的陷阱

相信很多人都知道可口可乐早年间推出新可乐失败的案例。很多分析认为，新可乐推出失败是因为忠诚用户的反对，新可乐让可口可乐失去了原有的精神内涵和口味时代记忆。这些或许是原因之一，但更有可能的原因是新可乐这个产品本身就是失败的。

新可乐在用户盲测的阶段，得到的评价的确比百事可乐要好，这给了可口可乐信心。但我们不要忘了，盲测时用户其实只需要尝一点点，然后再进行口味对比，但是现实中，用户喝可乐并不是尝一点点，而是喝掉一整罐可乐。也许新可乐的口味少量尝试的确感觉更好，但喝一整罐时感觉却并不见得那么好，因此，新可乐失败有可能是用户根本不喜欢新可乐的口味。很显然，对新可乐进行盲测至少有两个变量：口味和容量，而容量这个变量被忽略了。

4. 对用户刺激的不确定性

有一个著名的斯金纳箱心理实验：一只被装在透明盒子里的老鼠，盒壁上有个控制杆，只要老鼠一推控制杆，上面就会有食物掉下来。但如果它每次操作都有食物掉下，而且每次掉下的食物都一样多，那这只老鼠去推控制杆的积极性会很快变小。而如果将这个实验稍微调整，设定老鼠推控制杆不一定每次都会有食物掉下来，而且掉下来食物的量每次都不一样，结果这只老鼠对推控制杆这件事情立即就"上瘾"了，积极性会有巨大提高。

用在商业上，就是告诫我们在培养用户习惯的时候，要用到奖励变换原则，一定要把给用户的成就感随机化，而不能规律到让用户早就能预知会给什么样的惊喜。

5. 企业种子用户的特征

种子用户是核心目标客户群，他们相比一般用户有四个特点：

（1）需求更强，可能是某类产品发烧友，更敏感、需求更强；

（2）容错率高，他们往往会积极尝试新产品，对产品不完美宽容度更高；

（3）乐于参与，愿意将使用体验及改进建议提出来帮助改进；

（4）有传播性，有较高势能对其他群体产生影响力。

6. 留住用户的五种激励

常见留住用户的激励体系有：积分体系、成长体系、荣誉体系、财富体系、社交体系。

（1）积分体系是使用积分奖励用户完成必要动作，最终用户可以用积分兑换一定价值的物品；

（2）成长体系会记录和展现用户使用某个产品或者服务的频次和深度，用户留存越久，用户的等级就会越高；

（3）荣誉体系是指用户完成一定行为或使用某些功能达到一定频次，即可获得对应勋章，给到用户荣誉感；

（4）财富体系一般是使用平台虚拟货币刺激用户产生特定行为的体系；

（5）社交体系可以被理解为通过一系列社交激励促进用户反复使用产品并完成相应行为。

7. 复利效应与快速反馈机制

著名的复利效应是指原本基数很小的一个数值，如果每一次都在上一次基础上按一定比例增长，在执行若干次之后就会形成巨大的效果。

虽说复利效应被很多人接受，但很多人享受不到它带来的巨额回报。在复利效应里，一开始的增长是非常低的，低到让很多人感觉不到，从而终止了行动。

同理，如果用户的一次行动投入了时间、精力、金钱等大量成本，却得不到任何快速的反馈，凭什么要继续坚持？如果用户短时间看不见结果反馈，产品再好也很难坚持下去。因此，企业需要给用户提供反馈/进度，让他们看到付出带来的效果。

8. 危机感与用户行动

恐惧、害怕是人性最大的弱点，而学会害怕是人类自我保护的一种本能。恐惧是人类适应环境的必然结果，是促使人行动的持续原动力。我们的祖先因为害怕猛兽与黑夜，发现并延续了火种；害怕饥饿，开始学习种植粮食、驯养家畜。人们在面对同等的收益和损失时，会更加难以忍受损失，更在意损失带来的不快乐。

在商业上，如果你的产品很好，但用户不能坚持使用下去时，可以试图塑造一点危机感，从而激起用户的自我保护本能。

9. 老年市场的不安消费

老年人相比年轻人来说，心里的不安全感会比较强烈，比如对健康的不安、对经济收入的不安、对孤独的不安等。

因此，商家要从解决这个群体的不安入手，解决好老年人的不安全感，产品基本上就更能吸引老年消费者。

10. 男性的衰落

在过去 30 年里，美国男性的生活发生了结构性的转变。数据显示，男性在受教育方面获得本科学历的比例越来越低，在 25 岁到 34 岁的男性中，有 30% 的人拥有本科以上学历。而同样情况下，女性的比例是

38%。相比男性，女性获得博士学位的比例也高一些，而且她们大多进入了医学院和法学院。在生活方面，年轻单身女性购买房屋的可能性是单身男性的两倍半，单身男性更多时候和父母住在一起，这种情形，在很多国家也在成为趋势。

专题节目《美国男人》提供的数据也显示，男性在学校、工作和情感、健康方面的表现都呈现下降趋势。比如，和女孩相比，男孩在学校更容易失败，他们会被诊断患有注意力缺陷多动症、沉迷电子游戏、体重超重，甚至沉迷酒精或药物。

二、消费者心理的秘密

1. 用户大脑的三个特征

（1）大脑最爱偷懒，喜欢靠直觉思维，容易盲目从众；

（2）大脑厌恶损失，面对损失时容易风险偏爱，做出很多不理智行为；

（3）大脑固有的信念和观念，会让我们过多聚焦我们已有的观念和信念，而这些观念引起的行为又会强化我们的观念和信念，产生偏见和固执。

对于营销者来说，掌握客户的大脑行为特征是竞争制胜的关键。

2. 用户行为习惯的四类暗示

大量科学实验显示，几乎所有用户行为习惯的暗示都可以归为以下四类：情境、时间、情绪状态、前奏行为。

（1）情境，即用户所处的具体场景、环境。通常来说，我们从用户使用产品的典型情境出发，可以找到激发用户行动的第一步：用户暗示语。比如，喜马拉雅的：路上堵车，听喜马拉雅。

（2）情绪，即触发用户使用产品时的心情状态，尤其适合感性化的产品。比如，直播类产品：看剧累、游戏贵，不如直播迷人醉。

（3）时间，即适合使用产品的特定时间。比如，"罗辑思维"微信之前早上六点的一条语音；又比如十点读书，仅名字就非常清晰地进行暗示了。

（4）前奏行为，即做完一件事情后紧接着很可能会做的事。比如，你正在运营一款刷牙后用的产品，就可以以刷牙作为暗示，如刷牙后漱口，弥补刷不到的缺陷。

3. 人类的四种趣味

根据游戏化的经典书籍《拉扎罗的四种关键趣味元素》的阐述，人的四种趣味分别是：

（1）简单趣味（Easy Fun）。玩家对新的体验感到好奇，最终会去体验并开始上瘾。简单趣味是不需要通过挑战获得乐趣的，比如搭积木、吹泡泡这些本来就充满趣味的事情。

（2）困难趣味（Hard Fun）。提供一个可供追求的目标，并将其拆分成一个个可达成的小目标/步骤，在目标达成的过程中存在各种障碍，它们给玩家带来了挑战。

（3）他人趣味（People Fun）。当朋友也在和你一起玩的时候，胜利的感觉会更加强烈，因为群体游戏有互动性，有彰显价值，人们更乐于参与。

（4）严肃趣味（Serious Fun）。玩家通过游戏来改变他们自身和所处的环境，是玩家价值观的体现。

如果我们仔细研究一下游戏产品，很容易就发现，现在游戏中大量的植入了这四种趣味，让玩家深度陷入其中。除了游戏企业外，其他企业的产品或者服务，如果也能适度植入一些这些趣味，对维持用户的黏性也会大有裨益。

4. 用户的心理所有权

心理所有权是纽约理工学院营销学助理教授科琳·柯克提出的一个概念，指的是人们感觉自己在一个产品上花了很多心力，甚至觉得产品好像变成了自己的延伸。

她认为三个因素可以让用户建立心理所有权，分别是掌控、自我投入、熟悉感。要加强顾客的掌控权，可以让用户参与创造的过程，比如服装公司让人们提供设计方案，再通过投票选出最好的款式，然后进行设计和销售。要鼓励自我投入，企业可以努力推出定制化产品，这样人们就会购买更多，而且愿意向朋友推荐这些产品。建立熟悉感，就是让人们相信自己很了解一个品牌的各个面，企业可以建立一些机会让顾客多了解企业的产品和服务。

5. 社会性回报感

人类是社会性动物，我们都渴望获得其他人的回报，以驱动自己的行为，不管是精神回报还是物质回报。

比如，慈善机构请人们捐款的时候，会有一个小技巧，那就是慈善机构给人们提供一些小礼物。人们收了礼物，相当于提前获得了捐款的精神回报，这样人们就更愿意捐款了。

6. 仪式感对商品附加价值的增值

如果某样东西消费的流程冗长，人们内心不见得多认可，但是可能愿意为过程中的仪式感多付钱，尽管这些过程和仪式可能并没有给产品本身增添什么实际价值。

比如，一瓶葡萄酒，如果只是简单的包装，拿到办公室用一次性纸杯喝，你可能会觉得这瓶酒不值多少钱。但同样是这瓶酒，放到一个高级餐厅，配上餐厅的气氛、专属的酒杯和服务生对这瓶酒酿造年份和方法的讲解，价格就会贵很多倍。

7. 精确的数字让人更愿意购买

心理学家发现，如果有人借钱时，1 193 元比 1 000 元更容易借到，1 193 元比 1 000 元多，却让人更心甘情愿掏腰包。康奈尔大学助理教授马努基·托马斯和团队分析了美国 2.7 万个二手房的交易数据发现：如果卖家的开价更加精确，例如，322 万美元，而不是 300 万美元，最后的成交价反而更高，这说明价格越精确，越容易让人接受。

为什么呢？这里主要有两个原因：一是精确的数字比笼统的数字显得更有依据也更加可信，二是精确数字听上去显得更小。

8. 具体的东西会让消费者感觉获得感更强

行为心理学上做过这样一个实验：请参加实验者决定是要买一台价格 1 000 美元的音响，还是 700 美元的音响外加 300 美元的 CD 套餐。实验最初得到的结果是，选择 700 美元音响加 300 美元 CD 套餐的人最多（其实东西和 1 000 美元的东西是一样的）。

为什么呢？研究发现，是因为 300 美元的 CD 套餐看上去更具体，而更具体的东西会让消费者心理上的获得感更强。

9. 改变感受而非事实

休斯敦的机场接到了很多旅客的投诉，乘客都觉得取行李等待的时间太长了。一开始，机场增加人手把平均等待时间降到了 8 分钟，虽然已经远低于行业标准了，但仍然有投诉存在。后来，机场工作人员进行了更细致的现场分析，发现乘客从登机口走到行李提取处需要 1 分钟，取行李要在传送带旁边等 7 分钟，也就是说，乘客下飞机之后大约 88% 的时间都在等行李。于是，机场把到达门从主航站楼移开，并且把行李运送到最外层的传送带。之后，乘客要走路 6 分钟才能拿到行李，在传送带旁边的等候时间变短了。

尽管花费的时间几乎一样长，但结果是投诉率几乎降到了零。

10. 同样力度打折与免费的效果

同样一个商品，打折去掉 20 元，与免费提供一件 20 元的赠品，哪种效果更好呢？对于用户而言，无论是赠品、满减还是包邮，本质上都会让用户迅速地在大脑中形成一种免费获得某种东西的感觉，赠品对应的是免费的物品，满减对应的是现金回馈，包邮则是免费的邮寄服务。

心理学家和行为学家通过大量的实验验证：免费与折扣等其他促销策略有着本质的差别，它所带来的非理性行为要明显得多，免费的吸引力远远胜于打折。

11. 给消费者主动建立对比

消费者在做决策的时候，企业不要让他们到处去寻找对比，应该主动帮他们对比，这样有助于达成消费者购买。

一般而言，一个东西单独放在消费者的面前，消费者很难感觉到价值，但如果跟一些东西放到一块对比，这个东西的价值就很清晰了，甚至超出认知。企业可以制造产品的各种对比，通过利用强项对比来适当抬高自己，突出优劣感，证明自己的产品更好。就像小米手机就是建立各种对比的高手，会经常在产品发布会进行各种参数、价格的对比，来说明自己的产品性价比超高。

12. 激发消费者情绪购买力

品牌如果能激发消费者情绪，就会产生非常大的购买力。

比如，销售在线课程的推文里，你看到的通常是"对于收入的焦虑

（心理情绪）引发了某个行动，在经历重重波折后（绝望与希望的情绪交织）最终收获财富（人性欲望）"的故事。简而言之，这些文案的套路就是先提炼关键词，然后能够借助一个模式，例如，套用"再不……就……"类似的句式，从而激发用户的情绪反应，建立情感联系，引起认同感，带来购买力。

13. 年轻购物的标签化

在很多年轻人的观念里，商品不是越贵越好，也不是性价比越高越好，他们更看重的是，买这些东西能不能为自己打上某种标签，宣示他们是什么样的人，并据此做出他们的消费决策。

14. 降低消费者决策成本

有团队做过一个果酱实验：向消费者提供一场果酱试吃活动。实验分为两组，一组有 6 款果酱可以试吃，另一组有 24 款果酱可以试吃，吃完可以任意购买，而且是低于市场价格。结果，6 款果酱的组，有 30％的试吃者选择了购买；而 24 款果酱的组，只有 3％的人最终选择了购买。原因很简单，低决策成本造就了高的行动数量。24 款果酱看似更加诱人，但其实无形之中给消费者增加了选择和决策成本，选择起来很难，想要这个又想要那个，最后干脆放弃了购买。

由此可以得出一个结论，要让消费者动机最终转化为行动，商家就要降低用户的决策成本，不要让他们有太多的选择，让他们能更便利地动起来。

15. 讲故事是促进生意达成的最好途径之一

社会心理学家认为，一个人讲故事会激发另一个人想起相关的故事。人类的交流也总是以互相提醒的讲故事方式进行，从而使沟通变得顺畅。

诺贝尔经济学奖得主乔治·阿克洛夫把讲故事与听故事引入经济学范畴，认为故事与财富、商品价格等一样，是人们进行经济领域决策和选择的约束条件。

三、品牌的秘密

1. 企业、品牌与产品

企业、品牌与产品这三个概念，很多人难以区分，简单来说：

企业就像是一个人的躯体和生命机能，其核心在于如何存活；品牌像是一个人的精神世界，它的核心在于思考我是谁、用户价值、品性和三观，是企业与顾客一起构建的精神花园；而产品则像是外露的、顾客可识别可感知的身体器官，其价值在于与顾客创造一种可被感知的联系。

2. 外显型与内显型品牌在识别度要求上的区别

品牌如果没有知名度，成交率就会很低，但在同等品牌知名度的情况下，如果品牌识别度高，就意味着销售的成交率也高。

对于外显性强的产品，品牌知名度十分重要，比如汽车、服装、笔记本电脑、手表、包包、口红、手机等，消费决策都依赖品牌知名度和识别度。而内显性强的产品，比如毛巾、睡衣、被子、牙膏牙刷、洗发水、沐浴露等，则不用把全部精力放在品牌知名度上，而应该关注品牌的体验功能。

3. 利用敬畏感塑造品牌认同

心理学上对敬畏的定义是：人们看到一种比自身伟大得多的实物，

所产生的情绪。敬畏情绪的作用能让人更迷信，能加强人的集体认同感，能让人更好地合作，等等。我们可以看到很多宗教场所设计建造得异常精美华丽、高耸巨大，这是为了营造一种超自然的，常人难以企及和掌控的感觉，使信众产生敬畏的情绪，以加强群体认同，从而实现引导信众的行为。

在商业上，很多产品品牌也会借助人对自然的敬畏感来做文章，例如原研哉为无印良品设计的地平线系列平面广告，把无印良品追求自然、极致简洁的产品理念和真实自然的博大进行移情，意在把人们对自然的敬畏转移至对无印良品品牌理念的认同上来。这种利用敬畏情绪的手段，可以潜移默化地影响受众的意愿或动机，让人心甘情愿、不知不觉地跟随策划者的思路。

4. 中庸的品牌理念很难吸引新生代消费者

品牌认同本质上是一种社交心态，消费者借助品牌向外界表达自己。

新生代消费者拥有独立、自我的整体特征，他们更需要通过品牌来向外界传递自己的独特看法及价值观，因此，过于中庸的品牌理念无法吸引他们，他们需要的是更加独特、尖锐的品牌主张。因此，品牌想要获取新生代消费者的认同，在面对许多问题时不能模棱两可，尤其是在品牌为相关议题发声时更是如此，不能做皆大欢喜的老好人。

5. 关注新生代消费者持久的价值观

品牌忠诚度现在遭遇三个重要的冲击：

（1）商品在互联网上选择太多，让忠诚变得很艰难；

（2）互联网打破信息不对称，让很多品牌变得透明，失去了品牌曾经的魅力；

（3）新生代的年轻人似乎不再关注品牌广告，更愿意选择自己觉得酷的个性化品牌。

6. 品牌的三种价值

一个品牌具有三种价值：工具价值、个体价值、社会价值。

其中，工具价值承载品质、特性，个体价值承载自我表达，社会价值则承载群体共识。一个好的品牌，应该尽可能融这些价值于一身。

7. 品牌价值的持久性

每年由《商业周刊》杂志与国际品牌集团（Interbrand）共同发布的全球最佳品牌排行榜100强是比较权威的榜单。如果你观察20年来的榜单变化，可以发现，品牌价值不像财富排行榜那样大起大落。20年的榜单，一共也就出现了170家企业，2019年只是更新了70家，平均算来每年只有少量企业品牌在榜单中新增或者消失。除了苹果等高科技企业在近几年高速增长外，大部分品牌每年的变化都非常小。

这个事实说明，品牌价值的塑造是个长期的过程，但是一旦形成大家认可的品牌，其价值就具有很好的可持续性。

8. 品牌价值输出的一致性

对于品牌的价值传递来说，品牌的所有动作尽量都只作用于一个目标，输出的价值与价值体验必须保持一致，只有这些叠加累计，才能最终击穿消费者的心智，建立牢固的价值认知，让品牌在竞争中赢得优先选择权。

反之，今天一个主意，明天一个想法，但没有围绕统一的价值输出，最终会投入越多亏损越重。

9. 品种规模的陷阱

一些企业管理者认为，公司10个产品能卖到10亿元，跟别的公司1个产品卖到10亿元相比显得更有优势，因为自己的品种更多更有活力。实则不然，如果 1 个产品贡献的规模和 10 个产品贡献的规模相同，那么前者形成的是有效规模，后者则不是。

如今消费者的碎片化时间越来越被各种产品挤压，任何新需求都会被很快填满，在这样的情况下，产品的有效性就变得非常重要。当企业的产品细分太多时，就没办法管理顾客的期望，也没办法和顾客讲清楚产品到底好在哪里，从而在策略上就显得很模糊，无法满足新生代消费者追求贴身服务的心理。

10. 粉碎品牌原则

粉碎品牌原则就是把你的品牌标识、广告、传播全都拿掉，看消费者还能不能认出你的品牌。

比如 DQ 将冰激凌卖给消费者之后，会把它倒过来，强调冰激凌黏稠、质量好，这就可以做到粉碎品牌后，消费者还有一个独特的记忆点。

11. 赠品的设计策略

赠品是品牌营销中不可忽视的一部分，好的赠品不仅能提升客单价，还能给客户留下良好的品牌印象。

设计赠品主要有四种思路：

（1）为提升客流量而设计，要求选择与产品相关的东西做赠品；

（2）为刺激消费而设计，要求选择与产品价值对等的相关产品；

（3）为提升客单价而设计，要求选择高质量产品，利用用户的占便宜心理；

（4）为提升复购率而设计，就是每次购物结束，都要为用户下次购物留一个机会，比如优惠券。

12. 品牌从信任工具到社交工具

几乎每份关于新生代的消费者研究报告都会指出，他们的消费动机与渠道很多来自社交。

一般而言，品牌的诞生来源于选择成本的降低，品牌的作用在于用企业的声誉进行信任背书，成为用户在选择时的一种信任工具。但新生代的消费者逐渐在消解品牌这一原有的作用，原因有两条：一是他们更热衷于选择个人品牌店，对大品牌的忠诚度有所降低，对小众原创品牌热衷的背后，是新生代消费者自我意识的觉醒，他们期待彰显自我个性，通过原创产品来为自己表达；二是新生代消费者的购买渠道、动机大多来自社交圈，品牌消费的首要目的也是进行社交，他们的消费态度是通过品牌消费融入所在圈层，维护社交圈，有鲜明的个人人设。

相比于品牌实用主义的前辈们，新生代消费者的品牌消费背后是社交动机在驱使，消费链条触点多发生在社交场景中，其背后是个人价值观的体现。

四、 品牌传播的要领

1. 传播的核心是引发共鸣

人们关心自己感兴趣的东西，因此，传播的核心是引发共鸣。

根据这样的思想，要向世界传播中国文化，必然就要考虑怎样让其他国家的人觉得在中国发生的事情是有趣的。负责传播的人就要观察一下，能不能从中挖掘与其他国家有共鸣的内容，以及有哪些东西对别的国家来说也是有价值的。一旦其他国家的人看到了这一点，可能就会想要去了解。

传播者觉得很棒的事情与受众觉得很棒的事情，差别越小，传播就越能获得成功。

2. 传播中的价值表达

在传播中，企业不要浪费品牌价值的表达机会。比如同样都是新鲜牛肉粉，一家就是挂个店名，另外一家写着"十斤牛大骨，慢火熬成汤"。你觉得你会走进哪家？

再比如，同样都是烧烤，一家就是普通的烧烤，一家写着"草原牛羊肉，现切现烤更美味"，哪家给用户的购买理由更强烈？

3. 传播是对核心信息的不断重复

传播强调要不断重复信息给受众，直到用户能印在脑海中，并作为他们消费的选择项。但重复的核心并非形式上的强调，找对核心信息才是传播的关键。找到品牌的核心信息后，在空间上，将核心信息以不同形式与内容融入不同空间，覆盖同一个圈层用户；在时间上，针对核心信息可持续地加深解读，让品牌出现在不同时间点上，塑造品牌角色。

因此，品牌传播就是做好两件事：一是找到品牌的核心信息是什么；二是不着痕迹地公关思维传播，不要让大众感受到品牌的高调与刻意。站在用户角度换位思考，让用户关注你营销内容中的产品及核心信息，而不是营销本身。

4. 品牌广告与效果广告

品牌广告强调塑造品牌，而不是马上促成效果；而效果广告是为了达成及时的购买转化。

品牌广告的出现是因为产品同质化。在买方市场，品牌需要赋予产品更多的精神内涵去打造差异化，而品牌广告正是实现这种差异化的主要手段，比如可口可乐和百事可乐。效果广告现在谈得更多的是线上电商转化，但其鼻祖可能是线下零售的优惠券等促销广告，因为用户天然处在一个消费场景中，比如百度搜索广告和淘宝直通车。总体上看，品牌广告是产品同质化的出路，效果广告是促进场景消费的手段。

品牌广告的问题在于，它是一个长期作用力，只有长期输出同样的价值观，品牌才能慢慢形成溢价。品牌广告和效果广告的一大矛盾在于品牌对短期利益和长期利益如何平衡，短期利益与长期利益往往是矛盾且难以调和的。

5. 名人广告说服的效果其实不高

很多品牌都喜欢用名人做广告，但是奥美创始人奥格威却认为名人广告是广告营销中的下策。相信数据与调研的奥格威通过研究发现，名人广告说服人们购买产品的效果低于平均水平。

他在《奥格威谈广告》一书中认为，用户确实会被名人吸引，但名人喧宾夺主，品牌却被忽视了，换句话说，本应该是名人服务品牌，最后却变成了品牌服务名人。

6. 品牌故事应与客户有关系

成功的品牌都有自己的故事，以及与之相配的好产品。作为消费者，则希望自己不仅在用一个好产品，还希望自己也是故事的一部分。这意味着品牌故事既要让客户了解企业的事情，还要让他们了解这些故事跟他们有什么关系。品牌故事不是传播自己，而是在故事中呈现消费者的身影。

7. 品牌故事与传播渠道的打通

通过品牌故事传播打造爆款，一是需要价格、渠道、宣传等因素共同作用；二是品牌故事的传播特别需要传播渠道的加持，也需要传播节奏的把控。

一个好的品牌故事，其基本的宣传逻辑是：围绕品牌价值观——发掘大众冲突——浓缩为一句话——提供真实情节支撑——梳理为故事——提供传播渠道——把握传播节奏，这一套组合拳打完后才能最终攻进消费者心智，在消费者感受故事情节的过程中，潜移默化地完成品牌信息在消费者心智中的植入。

8. 好故事的八个阶段

编剧教父罗伯特·麦基在《故事经济学》中提出，一个好的故事需要经历八个故事设计阶段：

（1）目标受众；

（2）创立平衡的初始状态；

（3）出现激励事件与失衡状态；

（4）渴望的、未被满足的需求；

（5）第一个行动（策略选择）；

（6）第一个反馈；

（7）危机下的抉择；

（8）高潮反馈。

据此，你可以对应一下好莱坞电影的套路。同时，对于一个内容营销的创造者而言，这种程式化的故事创作结构也值得借鉴。

9. 故事营销的核心与品牌理念相契合

一个与品牌理念相契合的故事，需要强调品牌的核心价值观，品牌故事传播内核的建立正是寻找品牌核心价值观的过程。

以褚橙品牌为例，该品牌的内涵就是褚时健个人品牌的励志品格。褚时健先是被人誉为一代烟王，之后却锒铛入狱，跌入谷底。出狱后，75岁的褚时健与妻子承包荒山，重新创业。励志是褚橙区别普通橙子的核心因素，里面是褚时健不服输的精神。

10. 写文案时的两种思路

写不出文案时，有两种方法可以帮你。

一种是向内，即看产品资料、使用产品、感受产品，在产品里找灵感；另外一种是向外，即浏览相似案例、到处走走、翻翻摘抄和笔记，在产品之外找灵感。

✎ 11. 写好及时引导文案的三个问题

及时文案就是马上要催促消费者下单的文案。要写好有及时引导性的营销文案，一个最简单的方法就是问自己三个问题：

（1）为什么要买你的这个产品？

（2）这么厉害？凭什么信你？

（3）能不能等几天买？为什么现在就要买？

✎ 12. 广告词的场景可应用性

《流浪地球》2019 年春节期间火爆，里面传播度最高的一句台词是："道路千万条，安全第一条；行车不规范，亲人泪两行。"不但很多改编的句子在网络上流行，很多机构也纷纷仿效，甚至在深圳、苏州多个城市的道路都出现了这句台词。

这给我们什么启示呢？好的广告词应该是具有强大场景可应用性的，也就是说，广告词如果在某种场景下，稍微改动就能引发对应群体的共鸣，那么该广告词就具备强大的复制能力和传播能力。

五、 品牌的玩法

✎ 1. 可口可乐的瓶装授权

很多人不知道的是，可口可乐公司其实并不卖可乐，而只生产浓缩糖浆，再把糖浆卖给经过授权的瓶装商，之后由瓶装商兑水、包装、销售，也就是瓶装授权。

这样做的好处，一是可以使可口可乐迅速壮大。瓶装授权体系下，可口可乐公司靠卖糖浆获利，瓶装商也有钱赚，于是，各地的瓶装商拼命冲业绩、不停开新厂，使可口可乐席卷全世界。可口可乐蓬勃发展的 20 世纪初，很大一部分广告是瓶装商自掏腰包做的。瓶装授权的第二个好处是可以帮可口可乐公司转移风险。公司只生产浓缩糖浆，成本很低，需要的车间很有限，一旦市场波动，可口可乐可以随时调整糖浆产量，坐享无风险的高利润。

2. 优衣库的时尚原则

优衣库目前在东京、纽约、巴黎和米兰设立 R&D 中心，致力于收集最新的潮流动向、顾客需求、生活形态和面料使用等信息，拥有世界一流的时尚设计师。

优衣库时尚的三大原则：第一是板型设计追求平衡，虽然有一些设计风格独特，但始终保持一种风格的平衡；第二是颜色不会太亮和太突兀，而是很柔和；第三是在面料上不断创新。

3. 三只松鼠的极致体验

在传统零食拼价格、拼包装的时候，三只松鼠的做法是让所有员工组团来试吃，试吃后把吃瓜子、坚果所有不爽的环节都列出来。比如，有人说瓜子壳没地方放，有人说核桃太硬没工具等。之后，三只松鼠的食品就展开一系列提高体验的措施，比如它会给你备好果壳袋；考虑还没吃完，再送你一个封口袋或封口夹；想到你吃完了要擦手，再给你备好湿纸巾。如果你下单买一包碧根果，一开包里面就带着果壳袋、餐巾纸等常规十二件套。大部分消费者，对三只松鼠的最初印象就定格在它的惊艳体验上。

这样极致的用户体验也迅速给三只松鼠贴上了差异化标签，成了决定用户是否复购的关键。除此之外，三只松鼠还利用松鼠的可爱形象，不仅拉近了与消费者的距离，其衍生的宠物和主人之间的关系更取代了传统的商家和消费者之间的关系。

4. 背景音乐对购买的影响

英国有这样一项实验：在某个红酒专卖店里，测试不同国家的背景音乐对消费者购买力的影响。实验发现，如果店里播放法国的音乐，法国红酒就会比德国红酒畅销；同样，放德国音乐时，也会让德国红酒卖得更好。

但是从用户的问卷结果来看，只有 2％的消费者提到了音乐对自己购买行为有影响，也就是说，尽管实际上影响了用户行为，但是他们却没有意识到。

5. 感官刺激会增加商品的价值

以送朋友礼物来说，礼物上包含对感官的元素刺激越多，接受礼物的人就会觉得越有价值。比如，礼物的分层包装虽然不环保，但能给人留下深刻印象；盒子和包装里的香味也有帮助。大脑会把每种感官的输入综合在一起，这样它既可以判断礼物是什么，也能决定享乐或者奖励的价值大小。

其中的神经生物学原理是，眶额皮层是覆盖于眼眶之上的大脑皮层，外界对感官的刺激越多，眶额皮层就越活跃，人们也就会觉得越有价值。

6. 优质的平庸

优质的平庸（Premium Mediocre）这个词最初由商业作家、咨询顾问文卡特什·拉奥提出，它的意思是通过一些简单的方式，让消费者认为自己正在消费奢侈品，比如精酿啤酒、手工比萨、签名白酒等，但实际上他们消费的只是普通商品，跟奢侈品毫无关系。

为了让平庸的东西看上去更优质，营销人员会给商品名称加上"首选""手工""收藏级"这样的词语。为什么优质的平庸如此受欢迎？

第一，人们如今更喜欢消费体验而非商品；

第二，社交媒体时代的时尚多元化，许多设计师和品牌希望每个人都能享用自己的设计；

第三，善待自己这个理念正被越来越多人接纳和践行，为买某样东西而长期存钱的做法已经过时。

7. 社交媒体上的官方账号与个人账号

相对官方账号，社交媒体上的个人账号显得更有力量，因此，企业管理人员在社交网络上开设个人账户进行品牌传播，效果要远远好于官方账号。

比如，维珍集团的创始人理查德·布兰森在网上晒自己为女朋友写的诗，苹果公司 CEO 库克推荐自己听的音乐，这种私人内容会让受众感觉诚实和亲密，这也是 CEO 的个人账号会比品牌账号获得更多关注的原因。

8. 某商超的女裤理论

某商超凭借天天低价的策略，一直在零售行业呼风唤雨。该商超对于薄利多销有一个他们称为女裤理论的理解：一条女裤的进价是 80 元，售价是 120 元，每条毛利 40 元。如果一天卖出 10 条，则毛利为 400元；而如果售价降到 100 元，每条毛利 20 元，但一天能卖 30 条，则毛利为 600 元。这样做的好处是，价格降低了，但销售与利润却增加了。

9. 西贝的红冰箱

在西贝，所有顾客觉得不好吃的饭菜，他们都无条件为顾客置换。

然后，他们会把存在问题的饭菜，也就是不良品放到专门的红冰箱里，在员工们休息的时间，把红冰箱里有问题的饭菜拿出来，由厨师和餐饮人员共同来评定这道菜问题在哪儿，有没有提升的空间。

有可能只是顾客无理取闹，但他们的原则是：不能去怀疑顾客。

10. 故宫在细节体验上的提升

故宫这几年除了创意不断，更在管理细节上出现了很大的提升。比如买票，过去游客到故宫去买票，如果是旺季要排队半个小时到一个半小时，然后还要进行安检、验票、存包等一系列手续。现在除了网上可以订票外，现场售票窗口也很便捷。

再比如去洗手间。这个问题在很多公共场所都很常见，女士洗手间要排很长时间队。故宫经过数据分析，把男女洗手间的数量比例调整为 1：2.6，让女士洗手间变得更多。再比如故宫大殿的灯。故宫是木结构建筑，里面陈列的也都是文物，不能长期灯光照射，所以以往故宫大殿都不开灯。后来故宫的团队用一年半时间选了款冷光源 LED 灯，不发热，而且灯挂在距离超过 2.5 米的地方，开灯的时候还要有工作人员用测光表，反复测量温度和光线。这样反复试验找到最佳方法后，故宫里就可以开灯了。

11. 7-11 运营逻辑

在很多传统超市，品牌商要放在不同的位置，需要支付不同的位置费用，其商业模式就像修了一条公路，然后修了 N 个收费站，其商业模式类似于商业地产，靠收租金盈利。

但 7-11 不收任何通道费，也不收任何广告费，并且看不到任何一个厂家导购员。7-11 货品的摆放是根据好卖与否判断。

✎ 12. 商场设计中的古伦转移（Gruen Transfer）

消费心理研究表明，大多数情况下主导人们日常消费的并非理性，而是情绪和感觉，有 50% 到 60% 的消费都是冲动消费。最早识破这个秘密并加以利用的是百货商店的设计者维克多·古伦。

古伦初到纽约时发现美国人喜欢在展示橱窗逗留良久，于是在设计商场时开辟了更多的空间来布置精美而丰富的商品。此外，他还加入了喷泉、雕像、电梯间流淌舒缓的音乐等，这样一来，不仅商店装修得明亮精致，还有生活和艺术氛围。顾客驻足的时间越长，他们的消费理性就越容易被转移，也越容易进入冲动购买的状态，这个效应也因此被称为古伦转移（Gruen Transfer），这一理念已经成为现代商场设计公开的秘密。

✎ 13. 超市摆设中的决策疲劳机制

心理学上有一个词叫作决策疲劳：当你做出的决定越多，你的判断就越差，这就是超市把糖果柜放在收银台前的原因。

比如当你做完各种购物决策准备结账的时候，你可能会产生决策疲劳，然后不假思索地买下一包口香糖。

第四章

数字营销与
社交传播

随着互联网、物联网、云计算、大数据、移动终端技术的深度融合，传统营销开始全面转向数字营销，甚至数字营销本身也开始变得传统。与此同时，信息的传播路径已经得到极大进化，从低效的线下人际传播开始病毒式的社交传播。

一、 了解市场

1. 有效市场细分的五大标准

市场细分往往是定位和策略的基础，但很多企业做的市场细分往往是无效的。衡量有效的细分市场是有标准的，营销大师科特勒总结出一共五大标准。

（1）可测量：细分市场的规模、用户的购买力和用户特征可以被测量；

（2）足够大：细分市场规模够大，能够满足经营的利润要求，值得做；

（3）可接近：你能影响用户，用户能接触到你的产品和服务；

（4）可区分：用户对消费产品的要求和对营销的反应是可区分的；

（5）可操作：能明确制订有效的计划以吸引和服务细分市场。

只有同时满足这五大标准的细分市场才是有效的。

科特勒的这五个标准其实要比很多投资机构实际应用的标准要更科学和全面，尤其是可接近、可测量和可操作这几点实际上被一部分投资机构所忽略，导致最终出来的产品无法被用户认可。

2. 如何突破市场瓶颈

优衣库的创始人柳井正毕业后继承父亲的西装店生意，一年下来大约也可以获得几百万元的利润，但如果再想把生意做大，会变得非常困难。他在深度考察了男士西装销售环节后发现，西装销售很大程度上依赖于接待顾客的技巧和经验。推销人员的好坏会直接限制市场的容量，但要找个非常好的销售员是非常困难的。

考虑到这点，柳井正开始把视线放到休闲类服装上，这类服装与西服不一样，它不需要店员推销，也不需要量尺寸，顾客只要自行挑选就可以。如果价格适合，消费者就会很随意下单了，并不需要像西服那样考虑太多因素。于是他果断从西装转向休闲服，才有了今天的优衣库帝国。

✎ 3. 用户调研中的幸存者偏差

前面我们讲过幸存者偏差对创业的影响，其实这个心理也往往会让企业错误认识用户。就像"读书无用论"这种最常见的幸存者偏差，让很多人误认为读书真的用处不大，但实际上造成"读书无用论"的原因是高学历者落魄更容易受到媒体的关注，而低学历中的成功者也常常能够吸引普通人的目光，即使低学历人口中涌现的成功者比例远低于高学历者，由于基数大，这个数值看上去还是相当可观的。

认识用户时如果出现幸存者偏差，容易让企业产生错误的结论，将企业导向错误的方向。企业在用户调研过程中，如果忽视了幸存者偏差，很有可能数据体现的仅仅是少部分用户的需求和想法，最终将伪需求和小众需求当作主要需求来作为产品设计的出发点，可能让产品从一开始就走向万劫不复。

✎ 4. 语言表达对选择的影响

研究人员发现，德国和奥地利的器官捐赠率分别是 12% 和 100%，又发现丹麦和瑞典的器官捐赠率分别是 4% 和 86%，造成这种变化的原因显然不是文化不一样，因为德国和奥地利是同文同种，瑞典和丹麦也类似。

那是什么原因导致器官捐赠比例差这么多呢？研究人员后来发现，原来是他们关于器官捐赠问卷的提问方式不一样。德国和丹麦的调查提问是："如果你愿意参与器官捐赠，请在这里打钩。"奥地利和瑞典的调查提问是："如果你不愿意参与器官捐赠项目，请在这里打钩。"

同样一个问题，不同的提问方式，结果相差甚远。

5. 让市场调研具备洞察能力

很多调研往往只有干巴巴的数据呈现，而没有对数据的洞察。怎样做市场调研才有洞察呢？

首先是了解关于消费者的故事。让人们回忆曾经发生过的场景和故事，才能深入了解他们的购买决策，通常使用的方式是现场观察和消费者焦点座谈会。

其次是观察消费者的独特行为。独特行为指的是某个群体里面，某种与普通人不一样的行为。比如你是卖茶叶的，就要去观察喝茶的人有什么独特行为，通过这样的观察，才可以从群体独特行为中，找到内心诉求。

6. 调研中的用户路径依赖

亨利·福特在发明汽车之前曾向潜在用户调研，而人们都说需要的是一匹更快的马，这说明普通用户并没有创新性思考，他们的思考是有路径依赖的，习惯基于现实条件做优化的思考，现实有了马车，用户就希望拥有更快的马车。

对于创新型产品而言，普通用户往往处于后知后觉的状态。在苹果手机出现之前，很少人发现自己需要一款触屏智能手机，只有在产品出现后，用户才发现自己确实需要它。用户需要一匹更快的马，实际上是为了满足更高效出行的需求，而汽车满足的是这个更本质的出行需求，这才有了汽车的出现。

因此在用户调研中，应该发掘用户表达背后的深层次需求，才不容易被用户带偏。

7. 未来讨好消费者的三要素

（1）把个性化作为一种标签。产品通常可以分为核心功能属性和外围附加功能，要改变产品的核心功能，往往需要付出非常大的成本且常收效甚微，但是如果改变产品的外围附加功能，不仅成本低且消费者很容易感受到。因此如果企业能给产品贴上个性化的标签，赋予产品某些细节上的个性化特点，就等于改变了外围附加功能，而且核心属性仍然是规模化的。

（2）自主化的购买方式。未来消费者希望自己有更多的购物选择，品牌商要把自由选择的权利交给消费者。

（3）购买是一种社交需要，承载着分享意愿。在产品设计和场景布置的时候，商家都要为消费者设计好他们如何在朋友圈分享，才能让消费者能够很容易地成为意见领袖，为企业传播产品。

8. 认同经济

认同经济就是利用消费者的某种认同感，获得他们对产品品牌好感度的一种方式。比如，社交网络上泛滥的假新闻，激发了人们对客观真实新闻的渴望，而此时严肃报道就获得了很多人的认同。一家报纸刊登的广告真相难寻，更是让消费者感觉这就是他们需要的。

对于品牌而言，如果想要迅速说服很多人，就要获得消费者在某一方面的认同，消费什么就是把自己归于某一个认同的群体。比如看严肃报纸的人，希望自己被看作真相追寻者；而穿潮牌的青少年则希望自己被看作很酷的人。

9. 从逛街到探索

现在的年轻人对新奇的要求越来越高，一般的刺激物已经很难满足他们的要求，但是一旦发现刺激物，他们就愿意付诸积极的行动，网红点打卡就是其中的一种表现。比如一旦年轻人发现了一个网红打卡点，他们宁愿穿越大半个城市，甚至跑很远的路也会去，这使得常规的逛街已经失去了吸引力，取代逛街的是探索，去寻找这样的高刺激物。

以前商家非常强调位置，但在互联网不断制造出网红打卡点之后，位置的重要性秩序被打破了。一些偏远的、非城市中心区地带因为成为网红打卡点而变得热闹非凡，而在城市中心区的好位置却丝毫提不起年轻人的兴趣。这种因为网红打卡点的出现，而出现的城市各个区域遍地开花的秩序，不是城市规划师能规划出来的，很难去控制。

10. 网红打卡点的城市意义

一个不争的事实是，由于智能手机造就的虚拟世界越来越丰富，从手机端能获得的商品和服务也越来越便捷，使得城市中的个体越来越不愿意出门，变得越发离散和疏离。

但是网红打卡点的出现，则形成了一种线上线下结合的中间站，成为今天城市人口的连接器，客观上提升了城市活力。

11. 打卡网红点本质上是为了获得一种社交货币

现在很多青年人为了网红点不惜千里打卡，为什么呢？个人认为，网红点本质上是提供了一个优质的朋友圈内容，成为一种具备汇聚点赞能力的社交货币。

一旦打卡网红点，就获得了一种可与周边小伙伴分享的优质内容，从而增加朋友圈活跃度，加深自己的朋友圈的影响力，拓宽交际圈的谈资。

二、营销的法则

1. 营销的技术与艺术

营销的手段可以分艺术层面和技术层面两类。艺术层面的有品牌、审美、用户心理等，而技术层面的有效果、节点控制、数据、后台系统等。

作为营销人员除了要运用好这两类手段外，还要注意将艺术系统化，将技术游戏化。这样做的原因，主要是因为营销的艺术层面往往很容易因感性而导致发挥与产出不稳定，因此要尽可能让艺术的东西系统化、可衡量、可数字化。系统化就意味着标准化，没有标准共识就会最终影响品牌的可持续性与迭代。而技术的东西往往很枯燥无趣，就必须游戏化，通过技术手段让人觉得好玩有趣。

2. 营销不变的铁三角

自 1912 年哈佛大学学者 J・E・哈格蒂出版第一本《市场营销学》以来，营销已经走过了一百多年的历史。由于不同理论诞生的社会背景与商业环境不同，企业在不同时期面临的问题也不同，因此诞生了不同的营销理论去解答、解决企业面临的营销问题。

在这一百多年的历史中，不同时期诞生了观念各异的众多营销理论，但归根结底，企业面临的要么是产品问题，要么是竞争问题，要么是用户问题。产品、用户、竞争者三者便是营销不变的铁三角，这便是百年营销史上不断的观念循环。

3. 营销要让产品自己能说话

好产品的一个判断标准，就是不需要通过营销来销售，而是它本身就很好，大家都想拥有。

广告当然很重要，但其目的应该做到不是诱导人们购买商品，而是展示商品的美以及品牌的诚意，这样的产品，才是真正可持续和有长期价值的产品。

✍ 4. 营销全过程的核心逻辑

真正关注全局的营销，最终都应该落脚于价值二字。

营销人员首先需要通过研究消费者的问题和处境，决定向其提供何种价值；其次是打磨产品，创造价值；然后是向消费者传递这种价值，让产品价值变成用户认知；最后是与消费者结成价值共同体，去获得价值回报。

让消费者愿意一次又一次购买，说到底是因为产品或者附加在产品上的社会意义给他们提供了价值。产品或者服务对消费者没有价值，消费者就不会跟你持续发生联系。确认价值、创造价值、传递价值、结成价值共同体，这便是营销全过程的核心逻辑。

✍ 5. 管理者不应太过关注那些花哨的营销手段

如果管理者专注于创造卓越的商品或服务，并聘用卓越的员工来设计、落实且不断重新思考新的商品与服务，好事自然会发生。

✍ 6. 做好内容营销的三个要点

（1）让内容和用户产生关系。大部分时候，用户其实并不关心内容到底有没有质量，而是关心跟自己有没有关系。有价值的内容要包括能促进用户跟他人分享的、形成谈资的、帮助用户更好改变自己的、情感共鸣的，等等。

（2）要围绕人性来准备合适的内容素材。比如人格化表述，社会化叙事、情绪化卷入、娱乐化科普等。

（3）要创造和策划更多能让用户一起参与的机会，吸引用户参与，提高黏性。

7. 做销售的十个法则

首席营销官帕特里克·莫克提出关于做销售的十大法则，我们不妨逐一解读一下：

（1）解决一个真实存在的问题。我们认为这一点尤其要从客户的角度出发，而不是从企业预先设定的问题出发，这一点往往容易被销售人员先入为主的思维所忽略。

（2）学会问问题。很多销售一打通客户电话马上就开启了销售模式，这么做其实是错误的，为了了解客户需要什么，首先要认真问他们问题。

（3）把话筒交给对方。客户说得越多，你才越有机会服务对方。

（4）销售不是目的，服务才是。如果服务没有持续，结果往往是没有持续购买，而且会在行业中带来负面的口碑。

（5）不要无谓跟进，要确保自己和对方的每一次交流都有价值。

（6）不要贪得无厌。贪得无厌的结果往往会让专业性的形象在客户面前变淡，而怀疑感滋长。

（7）只提供有限的选择，因为客户都有选择障碍症，一般来说，你可以提供高中低三档选择。

（8）和你的客户保持联系，花时间好好了解他们，多问问题、多搜集信息。

（9）大胆售卖。一旦你发现客户有购买意愿，就勇敢地开口。

（10）要保持微笑。一般人们愿意向自己喜欢并信任的人买东西，而微笑总能让人自我感觉良好，并且感染他人。

8. 确保客人走的时候比来的时候更开心

对于服务行业而言，确保客人走时比来时开心是保持基业长青的重要法则。

要做到这点，就需要他们有能力去了解客人的感受，提供让客人感动的服务。招聘员工时，要看他们是否具有讨人喜欢的个性以及他们的情感技能。情感技能包括温和、友善、积极、关怀和自觉等人格特质，而且情感技能可能要占到员工技能的一半以上。

✎ 9. 目标承诺与目标达成

研究表明，销售人员设定目标后能完成更多的交易，甚至当一个人承诺每天都运动时，更有可能提高健康水平。

但设定目标一定要具体，不能太笼统，比如每天跑步半小时这样的目标。另外，设定的目标要能引发内在动机而不是外在动机的目标。如果是外在动机，人们付出的努力只能维持完成工作目标所需的最低水平，很少有人因为外在动机强变得特别优秀。

✎ 10. 便利性对销售效果的影响

耶鲁大学曾经做过一个实验，主要是让学生去校医院免费注射破伤风疫苗。实验人员准备了两个版本的破伤风手册，不同组拿到的版本不同。一组拿到的是高恐惧版本，使用了夸张的语言还配有高刺激的图片，列举了破伤风重症患者；而另一组拿到的是低恐惧版的，语言相对平实。

而结果出乎意料：一个月后，真的去注射疫苗的学生比例居然一样，都只有 3%。实验继续，这一次实验别的都没变，只是实验者在手册上增加了两个小内容：一个是一张去校医院的地理位置图，另一个是增加了疫苗接种的具体时间。然而，就是这两个看上去不痛不痒的内容，让去注射疫苗的学生大幅增加，比例增至 28%，提高了 9 倍多。很显然，这与产品本身（疫苗接种）无关，更多的是地图以及具体的时间让去校医院注射疫苗这个行为，看起来更加容易达成，阻碍更小。

该实验给我们的启示是，当消费者在进行决策时，仅有兴趣有动机是不够的，如果决策面临阻碍，他们可能就会放弃购买。

三、 用户画像与数字广告

✎ 1. 根据好友列表来进行用户画像

一些人在社交账号上删除个人发布的信息，或者干脆不发信息，以此隐藏自己的偏好和个人特征，但是这个管用吗？

美国佛蒙特大学的数据科学家在《自然》杂志公布过一项研究：在推特上不用查看个人数据，只要对个人用户互相关注好友的推文数据进行分析，就能实现对个人用户社交媒体行为的精准预测。换句话说，即便是删了社交媒体账号，机器学习仍然可以通过你的好友列表来分析你的用户画像，知道你是什么样的人。

✎ 2. 算法比你更了解你自己

流媒体公司奈飞（Netflix）曾经让用户设置一个自己以后想看的电影播放列表。尽管用户确实会把电影添加到这个列表中，但用户却很少真的去看，即使奈飞会提醒用户看这些电影，其原因在于，人们说自己想要的，跟自己实际想要的不一致。

后来，奈飞不再要求用户告诉自己他们想看什么电影，而是根据用户点击和观看的数据建立一个模型，用模型来推测用户想看什么电影。结果，用户果然越来越频繁地造访奈飞，在上面看了越来越多的电影。

✎ 3. 推荐最终会取代广告

广告的目的是唤醒消费欲望，促使人们购买，但技术的进步最终可以做到算法知道你想要购买什么东西，然后推荐给你。技术大数据的预测，将最终取代广告，产品甚至在你意识到你需要它们之前就出现在你的门口。

　　未来的公司可能不会再通过广告来争夺消费者的注意力、抢占消费者的心智，而是算法层面的竞争。因此，推荐最终会取代广告，从人找信息到信息主动、精准找人。

4. 快手与抖音的内容分发机制

　　快手的内容分发属于机器分发，它会不断调节排序，让更多人发布的视频有曝光机会，以避免总是少数精品内容被置顶。

　　抖音的内容分发，算法逻辑是要把流量源源不断输送给最受欢迎的内容。一个视频观看的人数和点赞的人数越多，就越能得到推荐，从而被更多人看到。

5. 淘宝的数据推荐机制

　　淘宝与其说是一家电商平台，不如说它是一家卖流量与数据的公司。

　　淘宝的各种商品信息和交易信息构成了一个庞大的数据库，各种交易行为和商品都被贴上了各种标签。它的工作机制大致是，当一名顾客搜索某个标签关键词时，淘宝便会将与关键词匹配的商品按序列排在顾客面前。机器会根据顾客经常性的点击、关注、购买等一系列行为来判断其喜好，实现千人千面，推荐机制配合搜索算法，让每一名顾客的搜索界面呈现更加个性化的推荐。

6. 四类数据推荐规则

　　数字营销工作者在提升用户转化上，重要的是要根据数据推荐给用户想要的东西，一般而言，依据数据有四类内容/商品的推荐规则：

　　（1）针对全局用户的大众化推荐。意思是大部分用户喜欢的是什么样的内容，那么就在这类内容上面多分配流量，这类推荐的问题容易出现马太效应，即越受欢迎的内容流量越多，最后存在长尾内容无流量的情况。

（2）基于用户标签和内容标签的个性化推荐。这种方式就是给内容和用户贴标签，之后针对不同的用户推荐不同的商品，缩短用户路径，提升转化。

（3）基于用户标签的关联推荐。根据拥有相同标签的用户做了哪些动作，再次去看了哪些页面，推荐相应的内容给其他用户，此类推荐可以让用户更快地找到想要的内容，缩短寻找商品的时间。

（4）基于历史记录的内容推荐。此类推荐则是根据用户当前查看的内容属性，贴上标签之后，会再次给你推荐相同标签的内容。

7. 数据推荐系统和市场互动

如果一个人在晚餐的时候走在街上打开一个 App，表示这个人有兴趣找餐厅吃饭。App 如果知道这个人的位置和口味，就可以把潜在客户的信息告诉相关餐厅。那些还有座位的餐厅了解了基本情况之后，可以用折扣等方式对潜在客户竞价。这样一个互动的市场就形成了，用户可以选择接受或者拒绝，而餐厅可以从用户的行为中更了解用户。

如果用户多去几次这家餐厅，他们就建立了一种联系。在这个过程中用户很开心，因为他享受了折扣，吃到了满意的食物；餐厅也很开心，因为餐厅充分利用了资源，并且有了一个喜欢自己的客户。

8. 广告的大数据+ 技术+ 算法结合的模式

广告公司最核心的东西历来是策略、创意这类特别依靠人力的东西，但是这些东西相对技术、数据、算法等并不算核心竞争力。

广告的未来是移动互联网驱动大数据＋技术＋算法的精准广告模式，未来每个人不再接收相同的信息、商品、广告，而是根据自己的收入、兴趣等收到为自己定制的信息、商品、广告。

🖋 9. 基于位置的营销

基于位置的营销是移动营销区别传统营销的一个重要特征，其重要性日益显现。阿里入股分众、腾讯入股商超等举动都证明线下数据越来越重要，而位置信息则是线下数据最重要的维度之一。

通过位置信息，广告主可以判断用户的日常习惯，能有效地描述一个用户的消费特征；位置特别是实时位置也为商家了解消费者提供了一个绝佳的视角。另外，位置信息有利于线上线下数据进行打通，从而有效帮助广告商进行科学决策。

🖋 10. 从广告到窄告

广告之所以叫广告，有广而告之的意思，广告的核心目的之一是追求很多人知道，提高知名度。但随着个性化群体越来越多，消费者已经被分离成一个非常垂直的窄群体了，在这种情况下，如果广告追求让更多的人知道，就很难讲出大家都觉得对的话。

其实在个性化时代，广告的目标其实不是追求传播有多广，而是应该追求一部分人群能听得懂，其他人听不到，也听不懂，可以称之为窄告。窄告要有效，需要非常精准地了解目标人群，知道什么样的语言能击中他们，什么是他们愿意看的。随着互联网对散落在不同地理空间、具有特别兴趣的消费者的汇聚，这类窄到只有他们才能懂的窄告会越来越有价值。

🖋 11. 故事性广告为何衰落

故事性广告在衰落是不争的事实，目前的广告越来越技术化，内容深度变薄，从说故事开始转到简单直接的符号重复。

出现这种转变的原因主要有四点：

（1）注意力的碎片化导致广告时长的缩短，难以展开一个故事；

（2）主要的传播媒介与长视频形式不合拍，难以传播；

（3）故事类内容容易失去新鲜感，大量重复无法消解用户的心理抗拒；

（4）故事类广告重在情节内容，大多与品牌弱关联，信息传达效率不高。

📎 12. 品牌广告的失效

我们现在很多品牌广告在失效，一是长期转化率低，二是在塑造品牌形象方面效果也非常有限。

首先，很多细分的垂直化产品也越来越同质化。比如，以前有格子衬衫这个品类，未来可能有专为程序员定制的格子衬衫这个细分品类。

其次，非消费场景和消费场景之间的切换成本在降低，界限模糊了。比如以前从看电视广告到购买经历的时间跨度较大，而现在看到喜欢后，马上可以用手机下单。

最后，现在媒介环境发生了巨变，以前垄断式中心化的媒体消失了，媒介在不断碎片化、垂直化。

以上这三个变化都让品牌广告在一定程度上失效。产品垂直化让品牌能够通过产品天然筛选用户，消费场景切换成本低让所有广告都有了效果转化诉求，媒体的碎片化垂直化让品牌能通过媒体筛选人群。

📎 13. 创意降权

创意在未来的营销中或许并没有那么重要了，原因是创意所发挥的作用未来会在一定程度上被技术分发手段及消费者的主观能动性所替代。

营销本身会不断地朝向精细化发展，即推荐有用的商品给有需要的人，面向泛人群的传播会显得相对低效。技术手段的体现在于千人千面，产品无须过多的创意进行铺垫。与此同时，消费者越来越精明，从而形成不太受创意影响的独立的决策逻辑。

✎ 14. 传统品牌传播与互联网品牌传播路径

在品牌传播逻辑上，传统的传播路径是漏斗状筛选通过广撒网的形式筛选出目标用户。

而互联网时代则主要是口碑扩散（包括商品点评），通过核心用户、种子用户向外扩散。表面看上去这样效率很低，不如电视一个广告天下皆知，但是一个超级爆款可以在一天之内从一个人扩散到 100 万人、1 000万人，甚至更多，这意味着今后的品牌传播方案要做得更细致，要尽可能细分圈层、人群、形式、内容，关注个体的价值，其执行也将越来越复杂。

✎ 15. 自动化数据营销

当前企业数据营销面临的痛点主要是三个：

（1）无法找到精准的用户。碎片化的互联网营销环境下，用户分散在各个场景中，企业主难以在海量群体中找到想要的那个人。企业虽然有一定的数据资产，但是依旧停留在粗放式的数据利用阶段。

（2）传播内容失效。千篇一律的文案推送正在慢慢失效，企业即使找到精准人群也无法把握用户的个性化特征，从而无法推送一次相契合的内容。

（3）数据轰炸正在带来负面效应。营销满天飞的互联网当下，过度的营销以及不合时宜的营销都会造成用户的厌烦情绪。

在这种情况下，一种解决方案就是基于对大数据技术的挖掘与精准分析，实现营销自动化，其间将内容与人的个性、场景、节奏等结合起来，从而温和地提供给用户他们真正喜欢的营销内容。

✎ 16. 广告公司对精准广告的尴尬

大数据的一个重要特征就是多维度，因为单一维度的数据通常很难勾画一个用户的完整画像。精准广告需要交叉信息和多维度数据，需要经过积累才能形成对用户需求和意图的准确把握。百度、腾讯、阿里都围绕自己的超级 App 形成了多元应用矩阵，这些立体的产品矩阵构成了巨头们对用户精准、立体理解，而这正是决策智能化的核心。

这些优势，不仅一些小公司望尘莫及，甚至一些国际广告巨头也难以企及。现在 4A 广告公司未来可能遭遇的困境是：他们有创意，但不知道客户想要什么，也不知道客户在哪里。

🔖 17. 用户搜索行为与信任

很多人在搜索某品牌时，都会在关键词中加入"官网"二字，为什么会带上官网二子，本质上反映了用户在失去对搜索的信任。按理搜索某品牌名，最先出来的自然应该是品牌官网，但由于搜索引擎太过重视商业推广信息，让用户越来越难找到品牌官网，因此用户才会不断在搜索框中加入"官网"等关键词。

早期的网上购物情况类似，用户搜索品牌名后往往都会加"正品"之类的词。随着网上购物重新获取了用户信任，用户搜索品牌名后附加"正品"的习惯也就慢慢减少了。

这些看上去只是用户行为小小的差异，却透露出用户对平台信任感的巨大差异。

🔖 18. 视频网站中跳过广告的功能有效果吗

视频网站的视频广告有个特点：倒计时五秒之后，用户可以自由选择是否跳过广告。表面上，它把看不看广告的选择权交给了用户，但其实这种方法才是真正控制了用户。

为什么这么说呢？如果一个广告不能跳过，用户很可能在播放广告的时候跳出去干别的，根本就不看广告，可一旦有了跳过按钮，用户起码会看五秒钟的广告，这其实极大地增加了广告的到达率，反而让五秒的广告真正成为大家都会看的广告。

四、 社交分享与裂变传播

◎ 1. 传播从 "触达" 到 "连接"

在移动互联网环境下，企业与消费者的传播关系已经由触达变成了连接关系，也就是说，以往企业营销的目标在于通过信息传播去触达消费者，靠深度分销去触达消费者，靠产品创新去触达消费者，一切都是以能接触消费者为中心展开动作。

在当前的移动互联网营销环境下，这种思维需要发生一定的转变，转变的核心是，从以往解决"一时"的触达问题，转变为解决目标消费者"一世"的价值连接问题，也就是从"诱导"顾客购买商品，转到如何和顾客建立终身关系。

◎ 2. 从众心理中的 "从数" 与 "从权"

从众心理的意思是，人类的行为会在相当程度上受到周围人的影响，这里的从众实际上有两个维度：一是从数，二是从权。

从数就是人们觉得大多数人都在做的，就是好的。所以网红店门口的大长队等都是从数，让人产生热销错觉，触发从众购买。

而从权就是以权威为标杆。那些意见领袖、在某个领域中具有权威的人的行为，会触发从众行为，这是因为人们往往相信比自己要高的阶层，所以对权威的打造能更好地"吸引"群众。

◎ 3. 让传播形成社交互动声量

社会化营销推广的优势在于用户的实时互动与二次传播，这也意味着互动声量才能实现品牌在用户之间的口口相传。

那么如何促进用户的社交声量呢？方法一是可以通过具体故事带出产品。越是人格化的投放越能激起潜在用户的表达欲望，而人格化投放的重要技巧除了寻找匹配的意见领袖、自媒体外，就是通过说故事、说具体事例的方式进行产品宣传，让用户寻找到共鸣，激起创作欲及分享欲。二是可以跨平台多点覆盖。用户在朋友圈看到一位好友转发某篇文章并不会让他有打开或评论的欲望，但多个好友集中转发时就会激发起欲望。三是重点投放人格化自媒体。在自媒体的投放选择上，重点注意力需要放在人格化的意见领袖/自媒体上，人格化程度越高，该意见领袖的用户黏性、带货能力、留言互动就会越强，而资讯整合类、信息分享类的账号就会稍弱。

4. 社交对销售的强驱动作用

社交对销售产生的驱动作用包括对电商平台的社交化引流，以及电商本身的社交化。用户将越来越多的时间花在有社交关系的平台上，了解好友或者网红的产品购买和使用经验，然后到电商平台上采购。而且社交关系的体验和评价对其购买将起到很大的影响，意见领袖和亲朋好友比广告对销售的影响要大很多。未来诸如小红书、抖音这样的平台对电商销售的影响会越来越大。

另一方面，具备社交属性的电商平台也会具备特别的优势。拼多多的成功不只是价格便宜，基于拼团模式的社交因素是其火箭般发展的核心动力。

另外也不能忽视社区中自发的社交电商。社区居民自发建立微信群，或者加入商家的微信群，在群中向小区居民销售各种产品。

未来几年，社交上的创新仍然会给内容和电商带来大量机会。

5. 让别人主动分享产品

要让人分享你的产品，首先要清楚人是社会化的，都想获得别人的关注和认可。别人为什么要分享你的东西呢？想要传播，不只是要关注内容本身是不是足够优质，更重要的是还要看用户转发了这个内容后，朋友圈的其他人会对他产生什么印象。比如，该内容能够帮助别人、能够展示自己的格调、能提供谈资、能塑造自己的完美形象等，如果做不到，就很难让别人分享你的内容了。

6. 引发流行的有三种人

一个内容要引发流行，需要借助三种人的力量：

（1）社交达人，就是那种认识了很多人的人，这类人把朋友当作邮票一样搜集，随时与人保持联系，能够把信息快速地散布出去。

（2）专家内行，就是对某件事情狂热的人，所发掘出来的事情有价值，并且会不厌其烦地把相关的知识与朋友分享。

（3）推销员，就是那种口才很厉害的人，这种人能让见到面的人在短暂的时间里就交付信任，能够把专家内行发现的东西与人们以简易的语言沟通。

7. 内容传播中的社交因素

内容传播中的社交因素很重要，原因一是带有社交属性的内容更容易黏住用户。微信推出的"好看"和"看一看"功能也是在内容传播中加入社交因素进行传播的一种举措。二是社交属性可以帮助内容继续进行裂变，低成本获得更多曝光和新用户。带有社交属性的内容产品的成功，将推动传统内容类产品提升社交属性的机制设计。

✐ 8. 社交流量与兴趣流量

社交平台的信息流动，实际上暗含了两部分流量：社交流量和兴趣流量。社交流量决定了你和谁认识，以这种属性为载体的如微信；兴趣流量就是以音乐、体育等爱好为纽带形成的。

这意味着，要在线上做好营销，既要注重个人之间的关系，又要能从兴趣出发。在不同社交平台上，两种流量属性表现有差别，这也决定了平台属性和作用的不同。比如在微博上，关系属性不强，兴趣属性就很强；微信则反过来，关系属性很强，兴趣属性就相对较弱。

✐ 9. 流量从数量到精细化

对于流量，人们大多关注的是数据量上的增长，比如订阅数、打开率、点击量、点赞、评论、转发等数据。但是随着线上流量新增市场的饱和，低成本获得有效流量的机会越来越少。

未来要想做好流量，需要把精力放在流量的价值挖掘上，将数据做得更加精细化，颗粒度更细。流量应该触达有各种潜在消费需求的消费端用户，流量的抢夺不仅仅是注意力的抢夺，更是用户消费心理和消费需求信息的抢夺，总体来说，要从粗糙的流量抢夺走向精细化的流量经营。

✐ 10. 泡沫流量

尽管现在商家有很多层出不穷的引流方式，但是至少有三种引流的方式带来的都是泡沫流量：

（1）超低价带来的流量；

（2）过度服务带来的流量；

（3）高额补贴带来的流量。

这些泡沫流量往往带来的价值用户很少，垃圾用户却很多且成本又很高。这三种引流的方式能让企业风光一时，但风口一过迅速捅破。品牌商也好，经销商也好，创造真正能创造价值的产品品牌才是可持续性的基础。

11. 用户裂变的驱动机制

近两年这种借助朋友圈分享手段的裂变营销越来越普遍，不仅有典型的知识付费，还有社交电商拼多多等，衍生出微信号裂变、公众号裂变、群裂变、小程序裂变等花式玩法。而裂变的核心是用户心理驱动机制，因为每个用户都是你的裂变入口，都是你往下进行裂变的发动机。

驱动用户裂变的机制主要有两种：情感驱动和利益驱动。其中，情感驱动可以通过六种方式取得，分别是：

（1）炫耀；

（2）求关注；

（3）表达自我认同；

（4）同理心；

（5）成就感；

（6）利他心。

利益驱动又分为赚钱驱动和省钱驱动。

12. 病毒式传播循环

病毒式传播循环可以简单理解为等于病毒系数乘以周期速度，其中病毒系数＝用户基数×分享率×转化率＞1，循环速度是每轮用户分享数，分享周期越短代表速度越快。

病毒式循环的产品，首先要求价值要高，只有高价值产品才能赢得用户口碑；其次，产品适合大多数用户，适合大众才更具分享性，并且能够保证分享转化＞1；最后，能够即时满足用户需求的产品功能和内容，循环周期的速度快。比如社交产品的直播功能对比通信功能，直播功能的即时性更强，因此传播速度会更快；新闻内容对比普通内容，新闻内容的即时性更强，因此新闻的传播速度更快。

13. 病毒传播的核心不在内容

著名的 BuzzFeed 一直被视为最擅长做病毒性传播的网站，他们经常被人问到的问题是如何让一件事情像病毒一样迅速传播。

他们认为，病毒性传播和事情本身的关系不大，重要的是人们在做这件事的时候到底在想什么。

14. 实现视频的病毒式传播

凯文·阿洛卡是视频平台文化和流行趋势部门的负责人，也是一位病毒视频专家。他认为，真正理解病毒式传播，需要了解的是人际网络，而非视频内容。这里的网络指的是，由共同兴趣爱好或利益而集结起来的用户群。创造某种可以四处传播的病毒，就是在创造一种兼容性，以便适应各种网络用户群体。在为一群人创作之前，必须了解他们，比如：他们在分享什么？是怎样分享的？他们的价值观如何？他们分享过的视频有多长时间？是什么类型？他们更关注故事中的角色、人物关系，还是叙事手法？

视频要实现病毒传播，需要把握三个元素：

（1）参与感。网络视频是一种主动而非被动的视听体验，因此越是能够激发观众互动性和参与感的内容，越有可能成功。

（2）惊奇感。每个视频要至少有一个核心元素是我们不熟悉、不曾见过的。新奇的发现会给大脑增加额外负担，人们会本能地想要减少认知上的负担，减少负担的方法就是与他人分享。

（3）催化剂。观众、视频平台和其他传播机制的存在，迅速加快了视频的传播，其中有很多节点，节点与节点之间会互相连接，然后引爆网络。

15. 如何在拥有声量的同时促进销量

在互联网时代，如何在拥有声量的同时促进销量是大家普遍关心的问题。

要解决这个问题，可以考虑分三步：

（1）优化种草图文结构。种草文的经典结构分为三个部分：推荐选择理由、产品功能介绍、优惠信息传达，并且注重图文并茂的整体观感。

（2）在评论区控评引导。留言会很大程度上影响用户的购买决策，因此投放意见领袖的意见结束后要进行舆论引导、评论运营优化。在实操中，品牌甚至需要自己准备优质内容留言，提前与意见领袖博主做好相关沟通。

（3）实时用户舆情监控。团队需要每日总结相关数据、查看新增留言、持续优化内容，并通过留言来寻找产品结合点以便二次传播。

16. 网络传播中的弱者优势

你也许会发现，在一轮轮爆发的网络热点事件中，被骂的通常是强势一方。为什么会这样呢？答案是弱者优势。

在现实世界中的强者，不管是公司还是个人，在新闻中都容易变成被攻击的对象，这是因为弱者总能激发人的同情心，也更容易让人代入其角色。比如新闻中报道商家与顾客、年轻人与老年人发生冲突，我们天然就会站在较弱的顾客和老年人一方。

17. 《啥是佩奇》为啥会刷屏

《啥是佩奇》短片讲述了李玉宝为孙子全村寻找佩奇的故事，拍摄地点位于河北张家口怀来县的一个村庄，片中的李玉宝大爷就是当地的一名村民，完全由素人出演，该短片之所以能刷屏，是因为它符合了传播理论上的很多基本套路：

（1）制造了问题让你思考。在这部微电影里，导演给大家设置了一系列问题：爷爷清不清楚啥是佩奇？他怎么帮孙子做一个佩奇出来？这个礼物孙子喜不喜欢？

（2）它展示了很多冲突。比如爷爷辈和孙子辈之间的冲突、父子之间的冲突、城乡之间的冲突等，每一个冲突都带来戏剧性。

（3）把情感作为一种社交传播的货币。在《啥是佩奇》里，导演寻找的情感是浓浓的爷孙之情。

（4）利用了劣势者效应。比起生活丰富多彩的城里人，一辈子待在大山里的老爷子明显是个弱者，处于一个信息孤岛，电影中把劣势者效应一步一步放大，取得了人们的同情。

📎 18. 星巴克猫爪杯爆火的原因

2019 年年初，星巴克的猫爪杯火到有的人为了一个猫爪杯，甚至开始搭帐篷排队抢购，一只原价 199 元的杯子，被一些人炒到 1 000 多元。

星巴克猫爪杯为何爆红呢？除了星巴克本身的影响力外，还有一点被很多人忽略了：星巴克猫爪杯的爆红其实是因为这几年猫文化开始盛行起来，大量的年轻人尤其是女性朋友加入这个阵营，与其说她们是在消费星巴克的猫爪杯，不如说是消费杯子里面装着的猫文化。因此，可以说是把带着小资情调元素的星巴克杯与猫文化放在一起，而带来了一次群体认同消费。

对于营销人员来说，抓住两个大家都喜欢的元素，然后跨界将它们放在一起，也许就可能找到爆火的机会。

第五章

数据与智能商业

随着算法和信息技术的不断发展，大量数据的产生和收集导致信息爆炸。在大量数据的支撑下，智能商业通常被理解为将现有的数据转化为商业机会，帮助企业变得更加智能和高效。事实上，智能商业目前也的确正在改变商业社会的运行规则。随着 5G 的逐渐落地，智能商业还将不断拓展想象空间，进一步改变人们衣食住行的方方面面。

一、互联网趋势

1. 互联网媒体重建信任的趋势

首先，互联网媒体的趋势之一将是加强与假新闻及错误报道的斗争，但难度在于很多转移到了封闭的网络和社区群组中，变得难以跟踪和控制。其次，互联网媒体将重新关注用户信任。

另外，深度报道与慢新闻由于创作难度大，更体现新闻的专业精神，更值得信任，未来应该会越来越受到用户关注。但深度报道的盈利仍是一大问题，付费新闻是解决问题的途径之一。

2. 微信年度数据报告呈现的两个趋势

从微信近几年发布的数据报告来看，有两点值得注意：

（1）平均结束使用微信的时间越来越晚，这种趋势很有可能还会往后延长。

（2）用户每天使用视频通话的数量在成倍增长，而且使用视频通话的人群从"80后""90后"拓展到了大龄人群，与此同时平均每次使用的时长也在拉长，这说明视频爆发的趋势已经来临。

3. 互联网存在的三个严重问题

蒂姆·伯纳斯·李爵士在1989年提出了万维网的想法，因此也被称为"万维网之父"。他认为当前互联网存在三个最严重的问题：

（1）恶意攻击，比如，某些有支持的黑客攻击、犯罪行为和在线骚扰；

（2）有问题的系统设计牺牲了用户体验，例如，现在常见的基于广告的收入模式，该模式诱导用户点击和传播假消息；

（3）意外的负面后果，比如，激进或极端化的讨论。

在上面的三类问题中，虽然第一类不可能完全消除，但我们可以创建法律和改写代码，最大限度地减少这种行为；第二类要求我们改变激励方式重新设计系统；第三类要求我们进行更深入的研究，以调整已有的系统。

4. 世界上的四种互联网

英国南安普顿大学计算机科学教授温迪·霍尔认为，互联网在世界范围内至少可以被分为四种：

（1）硅谷主张的开放互联网。他们主张并鼓吹去中心化。

（2）欧盟监管者和对开放互联网持批评态度的人要求建立的互联网。该互联网是一个受监管的互联网，主张保护隐私、保护用户数据、打击假新闻等。

（3）商业互联网。这个互联网的特征是一方面认同硅谷巨头提倡的创新，另一方面又抵制硅谷互联网的完全去中心化。

（4）监管介入的互联网。政府和公共机构利用该互联网和大数据来更好地应对安全问题、公共卫生问题、交通运输问题、气候变化问题等。

不过随着线上社区对线下的影响力越来越大，我们认为整体而言，各类互联网都将走向一定程度的监督。这一点不管是从商业组织角度，还是从政府角度，或者从政府组织对企业施加的压力角度，都会是一种趋势。

✎ 5. 消费互联网与产业互联网

消费互联网的关键词是连接，而产业互联网的关键是融合。消费互联网创新更多是物理变化；产业互联网则是一个不断发生化学反应的过程，强调以大数据、人工智能、智能终端重构实体经济产业链，实现产业升级。

实体经济有迫切的转型升级需求，而科技企业又急需技术创新落地场景。产业互联网发展路径的跨界、融合、重构的特性，决定了价值投资有望作为技术创新和实体经济之间的融合媒介，不仅成为弥合数字鸿沟的建设力量，也成为激发新动能、创造新价值的催化剂。

✎ 6. 互联网技术在工业领域的实现方式

互联网技术在工业领域的实现方式有三种类型：

（1）跨界互通。在原有的市场中，因生产分工而产生的各类企业各自坚守着生存边界，但是工业互联网技术将会打破企业部门与部门之间、产业链上下游之间、产业与产业之间的界线，使得各类产业要素得以重新组合，这样也就打破了企业生存的安全边界。

（2）重新定义产销关系。在原有的市场关系中，无论生产者技术和管理如何复杂，但是生产者与消费者之间总有一道清晰的屏障。在工业互联网技术产生后，生产者与消费者这种在时间上的线性关系被打破。一方面生产者与消费者的沟通更及时，同时又产生了消费者决定生产的逆向关系，这都需要重新设计企业商业模式和市场经济逻辑。

（3）重新定义场景。在原有的市场逻辑中，场景逻辑并非首要的影响因素，而在工业互联网产生之后，由于互联网解决了各个场景的导流问题，场景开始成为首要的市场因素。互联网开始重新挖掘各个场景的价值，场景也因此成为企业变革的新坐标。

✐ 7. 互联网技术对工业的优化

互联网技术对工业领域的优化力量主要体现在三个方面：

（1）提高生产效率。在工业生产设备方面，互联网技术通过在线化、数据化和智能化等方式会加速生产设备的进化，提升生产设备的自动化和智能化水平。在市场沟通方面，互联网技术为企业提供了可视化工作平台，把原来无形的组织关系和市场关系全部可视化。企业通过这个平台可以减少企业部门与部门之间、企业内部与外部之间沟通的时间成本，从而全面提升市场沟通效率。

（2）减少市场风险。互联网技术一方面提升了生产者与消费者之间的沟通效率，缩短了市场试错周期；另一方面重新定义了生产者与消费者之间的关系模式，出现了 C2B、C2M 等新兴模式，这减少了市场波动给企业带来的影响。

（3）满足个性化需求。在工业社会，由于缺少个性化的定价机制，企业生产的逻辑一般是用标准化产品满足个性化需求。而互联网的出现，使消费者与生产者可以直接沟通，协商定价，在互联网提供的新定价机制支持下，消费者的大量个性化需求将被释放出来。个性化消费，将会提升消费者的品牌忠诚度和复购率，这反过来将会进一步推动企业提供个性化产品。

✐ 8. 互联网在两个层面对经济体制的颠覆

互联网对经济体制的颠覆主要体现在两个层面：

（1）超级规模化带来的质变。互联网打破了企业发展的物理空间限制，并且为这种超大规模协同提供了前所未有的技术工具，这就使得领头企业的规模越来越大，甚至超越了传统的限制。

（2）智能化带来的分配模式变化。虽然目前人工智能稍显幼稚，但人工智能已经在一些领域展现了其价值。

9. 互联网的后端

在互联网的用户端和前端，中国在很多方面都领先，比如，电商、移动支付、物流、短视频、直播等。

在支撑电商前端的制造业终端，则需要以集约化发展的体系来支撑，工厂的自动化程度或仍待提高。

10. 互联网公司用户增加与成本增加的变化

中科院课题组用 10 年的数据分别分析了腾讯的用户数据和网络成本，结果发现：腾讯的网络成本符合 n 的平方的定律，用户数增加 10 倍，成本就要多投入 100 倍。

也就是说，一个网络的成本与它的用户数 n 的平方成正比，而不是和 n 成正比，这个研究结果说明，互联网公司高速扩张时其实也是公司最危险的时候，因为这时对投入的预判会远远低于想象。

11. 互联网走向封闭的趋势

互联网一开始给人最深的影响就是开放性，但现在这一点在悄悄发生变化。比如某些企业会封竞争对手的链接，换句话说，这些互联网企业都在以自我为起点，进行中心化。因此，简单地批评封闭其实是不准确的。

12. 社交媒体的转发功能

对于社交媒体来说，转发功能是非常重要的，这是引导用户共鸣的机制，但由于内容提供者对转发的渴望，经常会推动他们发布一些特定的内容，以此带来疯狂转发。

根据麻省理工学院一项发表在《科学》杂志上的研究，推特用户转发的假新闻几乎是真实新闻的两倍。类似的社交媒体对于转发功能实际上已经失控，未来是不是有可能转发按钮会被删掉呢？

二、 互联网数据与隐私

1. 数码囤积

在社会心理学上，囤积症是一种有别于强迫症的、不停囤积物品的病症。囤积症患者往往聪明、外向、友好，但是他们具有处理信息方面的障碍。数码囤积是指毫无意义地囤积数码文件，可能是一种新型的囤积症，这个词第一次出现在 2015 年的一篇论文中，一名荷兰男子每天拍摄上千张数码照片，又花几个小时整理这些照片，他从来没有用到或看过他储存的这些照片，却坚信它们将来会有用处。

诺森比亚大学囤积课题研究组的组长尼夫说，关于实物囤积的研究课题如今也转移到了数码空间。尼夫和团队在实验中采访了 45 个人关于处理邮件、照片和其他文件的方式，发现人们囤积数码文件的原因有以下几种：纯粹因为懒、认为将来用得着、不敢删除，或想留下某个人的把柄等。

2. 线下大数据的价值

现在讲大数据多半都是指线上大数据，但实际上线下大数据可能更具价值，线下大数据的数据价值体现在精准性和广泛性两方面。

和可以复制的线上数据相比，线下数据一般会更准确，反映的是人们的真实消费意愿，不管是在餐厅吃饭还是去超市购物，都代表人们真的花了时间。而且，线下数据覆盖的人群更广，包括互联网很难覆盖的老年人和 10 岁以下的小孩，线下可以帮我们捕捉这些人的消费行为和意愿。

◈ 3. 在数据和直觉之间找到平衡点

很多公司在数据分析方面投入越来越多的资金，但大部分管理者制定战略决策时往往依靠自己的直觉，而不是数据驱动的洞察。

根据毕马威的调研，在接受采访的 1 300 多位 CEO 中有一半以上的人，目前对数据预测分析的准确性还缺乏信心，但他们对社交媒体资源的信任度却最高。真正有效的方式，应该是在数据和直觉之间找到更好的平衡点，知道怎样更好地借助数据驱动的分析和洞察，来制定战略和运营决策。

◈ 4. 气象数据的商业应用

某超市的数据分析发现一个结论：每到台风天美国人最喜欢买草莓饼干。该公司由此意识到，气象信息和特定货物的存储、销售量都关系密切。比如，该公司还发现每次台风前，草莓饼干的销量都会增长 7 倍，所以在每次接到台风气象预报时，他们都会提前在台风登陆地区的超市，加大草莓饼干的进货量并摆放在明显位置，由此增加了食品销售量和用户满意度。

气象数据的应用还有很多场景，比如，如果一个人经常查纽约的天气，那他可能经常去美国办事，这样的数据就对酒店和航空领域非常重要。携程这样的公司可以根据这个信息，向用户推送中国和纽约之间的往返机票，以及酒店服务甚至是租车服务。

◈ 5. 飞机发动机制造商对数据的收集与利用

发动机制造商出售发动机的同时，会要求购买者必须把相关数据传回出售者。发动机里面会安装有一个特定的传感器，收集发动机各大主要部件的运转情况以及整体工作情况，然后通过无线上传到卫星或者临近的地面站，一旦数据表明发动机有异常，制造商的技术支援部就会得到警报并立刻通知飞行中的航班机组，告诉他们应采取哪些应对措施。

罗尔斯·罗伊斯集团在出售发动机的同时，也会出售这种数据监测服务。收集这些数据对于发动机制造公司来说有两个好处：

（1）可以利用这些数据监控飞机发动机的健康状况，一旦出现问题，就会及时给飞行员提供解决方案。

（2）这种数据采集对之后的研发有很大的价值。例如，GE 航空通过大量数据的采集和分析后，发现中东地区的炎热和恶劣环境会堵塞发动机导致发动机升温，需要更多的维护，如果能够更频繁地清洗发动机，使用寿命就会更长。

6. 亚马逊利用数据获得的三个市场优势

亚马逊利用数据取得的市场优势主要有三个方面：

（1）现在亚马逊 40% 以上的商品都是通过推荐引擎推荐给用户购买的，这不仅帮用户缩短了决策时间，也提升了购买的转化率；

（2）亚马逊会每 5 分钟扫描所有竞争对手的商品价格，然后以此来调整自身的商品价格，通过这种方式保证自己的商品是最便宜的，这种机制最大化地留住了新用户；

（3）亚马逊会根据情况来调节物流和仓储的成本，比如同一个商品，品牌商在别的电商网站上卖一个价格，在亚马逊上卖另一个价格，亚马逊就会适当调整这个商品的物流成本，用来牵制竞争对手的价格。

7. 智能电视的商业空间

随着移动互联网时代的到来，智能手机和平板电脑的确得到了快速的发展，但英国的数据显示，智能手机的销售增长目前已经基本停滞，平板电脑现在也进入了衰退。与此相反，智能电视的渗透率在四年里却从 10% 迅速增长到了 40%，这说明一个问题：大屏幕可能会卷土重来，互联网没有杀死电视机，还和它一起组成了全新的视频生态系统。

国内电视机从传统电视到智能电视的更换率，还大有商业空间，智能电视与其他数据商业的想象空间也还很大。

8. 数据隐私与网络功能性

电影《社交网络》原著作者麦兹里奇认为，你在社交平台里分享的东西越多，就能建立越多的联系。换句话说，你对自己的隐私和数据越不重视，社交平台的功能就越好，社交平台带来的变革的力量就越大。由此可知，社交平台其实是一个通过改变人们对隐私的概念，来打破人和人之间障碍的社区。

他认为隐私和社交平台就是对立的，对隐私的关注限制了人和人的联系，而社交平台想要打破的就是这种隐私壁垒，让人和人更紧密地联系在一起。

9. 用户隐私的获取边界

用户隐私保护在全球范围内都是一个热话题，各大互联网巨头因为泄露用户隐私的负面事件导致市值大跌，用户对于用户隐私的焦虑和关切也与日俱增。

不过，没有用户数据资源为基础，信息流平台的个性化推荐和商业化就是空中楼阁。其实用户敏感隐私与其所产生的数据本身是有区别的，前者属于法律范畴，后者是技术范畴。个性化推荐意味着平台必须对相应的隐私保护进行升级，在守法层面上利用一点用户隐私几乎是信息流平台生存的根本。

10. 个人数据保护的边界

互联网公司保护个人数据重要的是要找到界线。现在的通用数据保护条例需要不断地询问用户，用户根本没时间去看，也没兴趣，反而形成了对流畅阅读的一种骚扰。

在法律范围内，因为不同地区的文化，用户对个人数据有不同的看法，因此，用户的需求界限也是个性化的。

11. 监控资本主义

很多大的科技平台当前都在通过提供免费服务，获取用户个人数据，然后利用数据来销售广告。

这种模式，必然会导致平台公司对用户数据无止境的追求，最终形成监控资本主义，出现各种数字世界的寡头。

12. 互联网巨头的新权力控制

科技产生了新的权力形式，带来的一个重要议题就是如何去制约这种权力。如果社会不拿出相应的补贴公民权利的新形式，实行新的制衡形式，后果将不堪设想。

三、 互联网巨头商业

1. 巨头生态时代

互联网经历了 PC 时代、移动时代，目前正在进入巨头生态时代，巨头生态中连接着用户和开发者。未来，互联网也许将逐步发展为以平台型 App＋小程序为典型的产品结构，平台型 App 将成为包罗万象的生态系统。平台型互联网巨头具有月活跃用户规模大、产品的生命周期长以及极强的连接属性。

2. 微信为何会一直是社交的王者

2020 年 1 月 15 日当天，中国有三款社交产品同时发布，分别是头条系发布的社交新产品"多闪"，罗永浩发布的社交产品"聊天宝"，以及快播创始人王欣发布的社交产品"马桶 MT"。目标都是想冲击微信在社交领域的王者地位，但没多久就以失败而告终。尝新的用户们在这三个平台聊完后，最后留下的道别语往往是"我们加个微信吧？"

很显然未来还会出现很多社交软件，但就算是功能比微信更丰富、更好用，恐怕也非常难于取代微信。当一款软件的用户数达到一个超级大的数量级时，后来者不仅需要比拼功能，更重要的是比拼网络效应。

网络效应是说随着用户越来越多，这个平台本身的价值就越会被放大，当用户数非常大的时候，功能已经不是社交软件最核心的价值了，用户总数反而变成了最大的价值。拿产品功能来对抗微信，说明没有很好理解网络效应。能挑战微信的，只可能是在某个垂直细分领域满足用户的特殊需求，由此切入某个细分市场的产品。

3. 阿里巴巴的三大消费版图

经过 20 多年的发展，阿里巴巴已经形成极大的消费者平台，在包括淘宝和天猫在内的平台上，每年有超过 6 亿的活跃消费者。不过，现在这个平台已经开始形成另外两个重要板块：

（1）数字商品和文化娱乐产品，包括优酷、阿里影业和微博等公司；

（2）本地生活服务，在阿里的体系内包括饿了么、飞猪、淘票票等。

4. 领先一步的亚马逊

根据 2022 年 4 月的数据，在云计算领域排名第一的亚马逊占有38.92%的市场份额，遥遥领先于微软、阿里云等。亚马逊 AWS 在长达 9 年的时间中，没有遇到任何竞争对手。

不过对于亚马逊而言，竞争还是常态。1995 年亚马逊上线两年后，美国最大的线下连锁书店巴诺书店也上线了电子商务；Kindle 推出后，巴诺也在两年后推出了自己的电子阅读器。当亚马逊推出了智能音箱

Echo，两年后谷歌也推出了自己的智能家居产品。贝佐斯把 AWS 领先 9 年的原因归结为那些成熟的大软件公司没有把亚马逊的软件开发当回事，结果给了亚马逊很长的时间去积累云计算的优势。

✎ 5. 苹果从硬向软的转型

苹果公司之前高度依赖销售高利润的硬件，但硬件已经触达巅峰，接下来，苹果要发展必须实现转向服务。为此，苹果甚至宣布不会再公布包括 iPhone、iPad 和 Mac 的销售数据。未来的苹果有可能会学习 IBM 公司的转型，从一家硬件公司变成咨询、软件和服务公司。

✎ 6. 流媒体巨头奈飞的困境

流媒体奈飞（Netflix）虽然当前日子过得非常滋润，但从居安思危的角度而言，问题也不小，如果不解决好，会危及未来长远的发展。

一方面，奈飞的竞争对手越来越多，比如，迪士尼、苹果，以及老对手 HBO。另一方面，用户能花在长视频上的时间是有限的，短视频像抖音、快手兴起就是因为这个逻辑，这些平台也会分走人们的大量时间。

目前付费视频的模式，除了像奈飞这种按月订阅的做法外，还有像亚马逊开辟的涵盖视频内容的娱乐内容套餐。前者需要持续生产内容留住会员，并且需要提高订阅价格或者吸引更多用户维持公司运转。而后者的综合套餐则不需要考虑定价，只需要考虑提供足够吸引用户的内容就可以了。

奈飞要在这场竞争中取胜，一定要更好地激活用户参与度。未来奈飞还要关注两个方向：一是对抗类似迪士尼这种老牌劲旅的 IP 优势；二是从线上扩展到线下，考虑收购影院、进军电影节等。

✎ 7. 视频网站的订阅用户与原创内容

从奈飞给出的数据来看，用户大部分时间都在观看授权内容，但推动订阅量增加的却是原创内容，换句话说，引起用户订阅的其实是独特内容。这启示我们，视频网站订阅用户数的增加要么有很多原创的内容，要么独家买断一些视频内容。

四、数字化与新零售

1. 线上线下均失去绝对优势

不管是线上还是线下商业，发展到如今其实都没有绝对优势了。如果以线上为主，有成本优势；如果以线下为主，有体验优势。

如果想线上、线下平衡发展，可能造成既没有把成本优势把握好，也没有把体验优势把握好的双重尴尬境地，但是从长期来看，融合还是一个核心的进化方向。

2. 数字化将陆续改造物理世界

未来很长一段时间的商业发展趋势，都会是不断通过数字化的改造把物理世界连接起来，辅之以今天的计算能力和大数据分析能力，提高效率或创造出新的高效率模式。

无论是零售、医疗还是能源，都在这个数字化的过程中。而未来物理世界尚未被数字化的部分，都会经历数字化的过程，这个过程，也是一个从互联网到移动互联网，再发展到万物智能互联的过程。

3. 企业数字化转型的重点在于释放人力

一些企业在进行数字化转型时，目标是通过机制的设置、数字化的融合，达到效率的提升。但很多时候，企业在进行转型时却加入了更多的人力，到最后人没有被解放出来，还是像生产线上的一个螺丝钉，围绕着流程转。

只有当人被解放出来，不再围绕着机器工作，而是机器围绕着人来工作，数字化转型的目标才算达成。

4. 企业通过数字化建立与消费者关系的趋势

企业未来将越来越多地通过各种方式建立与消费者的数字化关联，以加强对用户需求的理解、降低营销成本、减少对大平台的依赖。

同时，企业也会尝试通过小程序和 App 自建消费者关系渠道。比如麦当劳和肯德基，他们已经拥有海量的数字化用户资产，并且大量的业务发生在数字化平台之上，这些宝贵的消费者数据，可以帮助企业进一步进行产品和沟通创新。

5. 数字技术对艺术概念的拓展

在过去的价值体系中，艺术通常被认为是以物质为基础的，但是数字技术可能会拓展这种观念。比如互动艺术，它的一个特征是观看者的存在与行为会影响艺术的呈现，这种影响也模糊了艺术和观看者之间的界限。

换句话说，这些艺术作品是由艺术本身和观看者共同创造和构成的，这样做的结果，是改变了艺术和观看者的关系。比如，观看者的行为可能影响此刻艺术作品的呈现。

6. 零售数字化的几个要点

零售数字化的本质是以消费者为驱动，利用大数据和新技术进行产业链全面数字化升级，通过线上线下一体化最终实现效率与体验的提升，其实践主要分为：数字化供应链、数字化运营、数字化渠道与数字化营销四个方面。

（1）数字化供应链：针对行业传统供应链长期存在供货周期长、产品与市场需求脱节、库存层层积压等痛点，数字化供应链强化供应链的响应速度与深度，缩短供应链各环节的周期。

（2）数字化运营：针对零售行业的业务分割、信息孤岛、决策链冗长等痛点，数字化运营短期要侧重于提高运营效率与改善用户体验，长期则应构建企业自有数据资产并进一步应用于战略决策与运营管理。

（3）数字化渠道：数字化改造未来将彻底模糊渠道边界，形成集展示、沟通、交易、服务于一身的完整体验闭环，做到终端渠道多元化，渠道体验极致化，线上线下一体化。

（4）数字化营销：数字化营销改造了传统单项单点的营销模式，它是从刺激需求、需求建立、购买行为、售后服务到认知评价，围绕消费者决策和行为路径布局全触点互动。

✎ 7. 新零售的数据化联动机制

新零售不仅仅是把商品数据化，而是把围绕零售的所有相关元素进行数据化。所谓新零售，不是线上有网站、线下开了店就叫新零售，即使线上给线下导流了，也不算是新零售。

对于主要业务是线上的公司，如果线下业务能形成一个从线下到线上的镜像映射，把线下的关键节点全部数据化，回到线上，进行优化之后，再反馈到线下，对线下进行优化，这才是新零售。在未来的智能商业时代，线上化、数据化和智能化，这三步是一步一步互为依托的。

✎ 8. 零售的双线融合趋势

对传统零售企业来说，借助线下场景有更贴近用户的实物体验，但他们并不具体掌握这些用户是哪些人、消费什么；对于线上电商来说，有用户数据，但纯数据却又是冰冷无感的。所以我们看到，线下实体零售企业和线上零售电商都在开始进入双线融合。数字化建设的发展阶段，消费者的购物渠道也从割裂逐渐走向融合。

尼尔森的调研数据显示，在18～30岁的消费者中有41％的人选择线上购物多于线下，其中男性更愿意选择线上购物的方式；家庭月收入不低于8 000元、本科及以上学历的消费者也更倾向于线上购物的方式。但随着全渠道趋势的发展，更多的消费者选择通过线上＋线下的方式去购物。根据麦肯锡的调研数据，共有79％的消费者选择线上线下结合的方式进行购物，其中48％为全渠道考察后在实体店购买商品，27％为网上考察后在实体店购买，还有4％为全渠道考察后在网上购买。

9. 三种电商类型

（1）传统的电商平台：是用户具有一定的目的性自主寻找的商城，其中包含我们最熟悉的B2C和C2C。

（2）基于人找货的社交电商：比如拼多多以及其他类似App。

（3）直播电商。直播电商和电商直播是不一样的模式。电商直播本质上还是促销的衍生；而直播电商具备人格属性，是以人和私域流量为强纽带和基本盘展开的。

这三种并无替代关系，它们共同组成了现今的中国电商商业生态。

10. 兴趣电商

兴趣电商是2021年4月由抖音电商总裁在首届抖音电商生态大会提出的一个概念。兴趣电商即一种基于人们对美好生活的向往，满足用户潜在购物兴趣，提升消费者生活品质的电商。兴趣电商概念符合数字营销的三大神器：场景营销、大数据以及内容营销。兴趣电商还有一个非常好的出发点，就是基于消费者的兴趣，以消费者需求为中心，基于算法推荐。

抖音有能力将UGC（用户原创内容）所有相关的内容推送到你面前，从而直接形成购买的需求。传统的AIPL（知晓、兴趣、购买、忠诚）模型，品牌方用于前半段漏斗转化时所花费的认知教育时间恐怕非常多，平均一条广告需要经过好几次触达才会在消费者心目中留下印象，并形成认知和兴趣，此后才会有下一步行动，这是线性的消费者心智影响模式。

在兴趣电商的模式下，营销漏斗上半段的转化效率被大大提升，转化周期也大大缩短。一个用户在短时间内被无数具有相关性且真实的、其他同类用户产生的内容集中轰炸，其效果是不言而喻的，它是一种圈层消费者心智影响模式。

11. 无人零售有没有前途

早在 2018 年我在撰写的《新零售时代》一书中就讲到，无人零售未来并没有前途。4 年观察下来，之前搞得风风火火的无人零售的确在中国基本快倒完了，其核心原因是，他们忽略了"人"在零售中的重要意义。

"无人"对线下零售来说，只是噱头概念，对于消费者而言，除了第一波好奇外，并没有实质性的意义，反而增加消费者的购物负担。像优衣库，销售员的引导作用太大了，多少女性因为一个好销售夸几句，订单就翻几番。好的零售终端销售就是会聊天，能哄人，讨人信任。对于无人零售，最好的应用还是自动贩卖机，适合高频刚需产品，少商品类目，并且区域要密集，消费频次高，才能够打平后端维护的人员成本。

12. 新零售的质能方程

如果爱因斯坦的质能方程 $E=mc^2$ 用在新零售，我们可以这样认为：E 是收入（Earning），M 是冠军产品（Merchandise），而 C 是消费者（Customer）。透过这个公式，我们能看到收入是冠军产品乘以消费者的平方效应。

很多企业做不好新零售的原因就在于，一方面产品不够冠军，另一方面消费者没有产生平方效应，其中，就包括没有围绕产品打造有效率的供应链体系，没有围绕消费者打造具有推荐意向的良好体验等问题。

✎ 13. 前置仓模式

前置仓模式是指把储放商品的仓库搬到距离消费者更近的小区旁边。

由于前置仓距离用户更近，可以辐射一公里的生活圈，物流成本更快也更低，一些强调生鲜及时送达的新零售企业大多都需要采用这种模式。

✎ 14. 线上会员制的五个优势

盒马鲜生在 2020 年 9 月推出的 X 会员，类似这种线上零售会员的商家还有很多，这些商家之所以会推出线上会员，主要是考虑如下几点原因：

（1）通过建立会员数据档案，掌握自己会员群体的大数据；

（2）建立会员群组，对核心和墙头草会员加强管理，防止流失；

（3）建立会员等级制度，分门别类地对待会员，高效运作自身已有的资源；

（4）会员权限可以跨平台，零散的功能和优惠项目可以整合；

（5）建立会员积分制度，满足企业的多样化运营要求。

✎ 15. 社区团购是一个好生意吗

疫情催火了社区团购，引来了一众互联网巨头入局，但社区团购并不是一个好做的生意，原因是有限的盈利空间，加上平台的采购成本、人力成本、生鲜冷链配送成本等，很容易把一个企业拖垮。互联网巨头凭借资本优势，虽然可以走得更深更远，但要实现盈利、成为第一也并不轻松。

随着疫情过去，线下销售回暖，生活场所会再度变得热闹起来，去超市、小卖部、菜市场买菜，挑选长得水灵、饱满的蔬菜瓜果，和商家讨价还价是人们在闲暇之余一项重要的生活情趣，这是团购交易无法带来的。

16. 美团为何要做社区团购

根据资料，2020 年社区团购行业公开披露的融资事件达 19 起，融资总金额为 171.7 亿元，同比增长了 356.3%。然而到了 2021 年下半年，潮水退去得也快，不少玩家都停止了业务扩张，其中经历了 8 轮融资的同城生活更是以宣告破产而黯然离场。尽管如此，美团还是发力社区团购。

美团之所以如此看重社区团购业务，一方面是因为社区团购成了美团新的流量入口。尽管美团的用户数量依然呈现不断增长的态势，增速却在放缓。另一方面，发力社区团购有助于美团完善生态布局，巩固本地生活服务领域的领先优势。目前以高频的生鲜快消品为主的社区团购，正好符合美团 Food＋Platform 战略的核心，即以高频带动低频。

另外，社区团购还与本地生活息息相关，正好能与美团的原有业务形成战略协同。除此之外，由社区团购业务发展而来的新用户也有可能转化为美团其他业务的用户，形成站内流量转换。

17. 社区团购的下半场

尽管社区团购存在一定的潜力，但已经难复往日的烧钱策略了。在进入新市场的初期阶段，烧钱策略无疑是最快打开市场、打响知名度的方式，但通过烧钱换来的用户，往往黏性不高，一旦补贴停止用户就会转向其他平台。

另外，团购行业尚未形成真正的盈利模式。如今的社区团购主要有平台采购运营型、门店仓储一体化以及自建仓储型（前置仓）等运营模式，但无论是哪一种运营模式，很多社区团购平台都还处于亏损状态。

随着社区团购进入下半场，社区团购参与者的比拼也从烧钱补贴转移至供应链、精细化运营的全面比拼。

五、 智能商业

1. 人工智能中的性别歧视

有个英文词叫作 Fembot，意思是女性机器人，是女性 Female 和机器人 Robot 两个单词的合成词，这个词的出现，意味着人类的性别歧视连女机器人也没能逃过。

在现实的科技发展中，我们身边已经出现太多被性别化的科技。比如男性机器人角色有着各种各样的使命：探索火星、救助人类、交朋友、从事科学研究等；但对女机器人来说，她们的任务往往是服务和取悦人类，尤其是男性人类。

2. 人工智能的三个研发路径

一般来讲，人工智能的研发主要有三个路径：

（1）规则式方法，又称专家系统。采用这个路径的研究人员相信，可以通过把相关领域人类专家的知识编写进软件，来促进人工智能的发展。比如早年做语音识别和自然语言翻译的团队，就请了很多人类语言学家加入。

（2）神经网络方法。研发人员不追求把人类专家的逻辑和知识教给软件，而是把大量数据输入人工神经元网络，让网络自己去学习和识别规律。比如，如何让人工智能识别出图片中有一只猫，神经网络阵营的做法是把数百万张标识了有猫和无猫的图片丢给软件，让软件自己去学习怎么识别一张图片中有猫，至于软件的识别逻辑是什么，人类不会去管。

（3）深度学习方法。这个方法跟 2006 年前后人工智能专家杰弗里·辛顿在神经网络领域的突破有关，他找到了有效训练人工神经网络中新增神经元层的方法，称为深度学习，这项技术彻底改变了人工智能研究。深度学习算法本质上是使用大量来自特定领域的数据，为想要的结果做出最佳决策，其方法是让系统使用这些输入的数据，训练自己识别数据和期望结果之间的关联性。

3. 人工智能的信息整合性

神经学家朱利奥·托诺尼提出过整合信息论，该理论对人工智能的开发很有启发意义。根据这个理论，一个物理系统如果要有意识就需要两个条件：一是这个系统必须有丰富的信息，二是这个系统必须有高度的整合特征。虽然人的大脑和电脑的硬盘，都可以存储十分丰富的信息，但大脑每次接受信息时都会生成数十亿的交叉连接，有很高的整合性。硬盘就没有整合性这个特点。因此，大脑有意识而硬盘就没有。

整合信息论告诉我们，意识不一定是人类特有的，人工智能也可能发展出意识，关键在于如何建立新的高度整合性，一旦做到这点，人工智能发展出的意识范围可能比人类更广。

4. 三类人工智能

人工智能专家迈克尔·乔丹把人工智能（AI）概念划分为不同的三类：类人 AI、IA 和 II。

其中，类人 AI 就是今天人们普遍理解的人工智能技术；IA 指的是智能增强，也就是通过计算机数据来增强人的创造力和智力；II 是智能基础设施，指的是一个由计算、数据和物理实体组成的基础设施网络，可以用技术改善人类的生活环境，物联网就是这个概念的早期版本。

5. 要警惕人工智能把人变得太懒

就人工智能技术而言，整体上它一定会让人类社会变得更好，能帮助人类解决更多问题。我们现在对人工智能的担忧，不应该是它带来的人工取代或者失业，相反，人类要警惕因为人工智能太方便、太省事，而让自己变得堕落，这样可能人类就会在无意识沉迷的过程中被人工智能覆灭。

6. 华为的人工智能战略

华为在 2018 年 10 月上旬发布了自己的人工智能战略，分为五个方面：投资基础研究；打造全栈全场景方案；投资开放生态和人才培养；把人工智能思维和技术引入现有产品和服务；把人工智能技术应用于内部效率提升。

其中，人工智能的全栈全场景方案指的是，能够同时面向云端计算、本地服务和存储的边缘计算以及各种终端设备。举个例子，谷歌的人工智能训练框架更多是在云端进行，而华为希望能够做出同时部署在各种终端，比如智能手机、智能摄像头、智能电视等上面的人工智能学习框架，这个策略华为有优势的地方在于，华为同时是全世界最大的智能手机生产商之一。

7. 全球三类 5G 市场

根据华为的研究，目前 5G 的全球市场分为三类：

一类是 5G 需求比较大的市场，包括中国、日本、韩国和海湾国家；一类是一些根本还没有产生 5G 需求的发展中国家；还有一类是欧美的一些发达国家，这些国家的 4G 都不见得发展很好，比如法国所有 4G 基站加起来都没有深圳移动一家多。

8. 语音助手为何会流行

根据研究公司 Ovum 的说法，人们会越来越倾向于向语音助手寻找情感支持。根据亚马逊提供的数据，Alexa 在 2017 年收到了超过 100 万次求婚。

这种人跟机器求婚的现象表明：

（1）机器的声音创造了亲密感。很多人不会向他人倾诉，但是会向语音助手坦白自己的抑郁状态和倾向。如果你告诉 Alexa 你感到沮丧，它会安慰你并鼓励你去和朋友或心理医生交谈。

（2）和机器的沟通减少了羞耻感。南加州大学的计算机科学家乔纳森·格拉奇表示，在和智能音箱沟通时，人们不需要做平时的印象管理，因此会展示更多的真实情感。

（3）在不见面的情况下聊天，人们会更容易识别对方的感受，也会更善解人意。

9. 智能语音技术的趋势

在前几本的《新商业思维》中，笔者就强调过智能语音技术的重要性，这一点未来会体现得更加明显。

从苹果发布 Siri 开始，智能语音助手开始逐步走向我们的生活。如今，以亚马逊 Echo 为代表的智能音箱让人们在自己房间对着音箱发号施令。同时车载设备的智能化也让语音助手发挥更多实际作用，苹果的 AirPods 等可穿戴设备的上市也进一步增加了语音助手的适用范围。而随着亚马逊等逐步开放其技术平台，越来越多的家庭智能设备可以通过语音助手进行控制，语音在逐步变成一个新的入口。国内厂商如小米、天猫等都在开始积极且很有成效的探索。

遗憾的是，广告商尚未意识到这一趋势的重要性。

10. 两类人工智能的创业商机

专注人工智能领域的专家认为现在能看到人工智能创业商机的主要有两类：纯技术类公司和面向企业的公司。

其中，纯人工智能技术型的创业靠的是技术优势，但这类创业的最大红利期已经过去了。之前围绕少量人工智能专家诞生了一批纯人工智能公司，现在这些公司要寄希望于专家对某种新技术的可持续优势，比如自动驾驶、机器人和芯片。

面向企业的人工智能公司，也就是用 AI 给某些商业场景赋能，从解决方案发展产品；从一个头部客户，发展到多个客户；从一次性收入，到持续性收入。

11. 中国在人工智能领域有可能超越美国的三点理由

斯坦福大学计算机科学部的客座教授杰瑞·卡普兰认为，中国在人工智能领域可能超越美国的原因主要有三点：

（1）目前人工智能行业趋势是建立在对大量数据分析的基础之上。中国所拥有的数据比世界上其他国家都多，因此中国能创建比其他国家更好也更先进的系统。

（2）政府能够在一定程度上帮扶这个行业，这是很多其他国家无法做到的。例如指定一个城市，来测试无人驾驶汽车等举措在美国是极难办到的，但是在中国这却有可能实现。

（3）因为中国暂时还没在某些技术上做过多的投资，所以中国不会被某些基础设施所阻碍，这有利于发展人工智能行业并建造更多先进的应用。

12. 摩尔定律失效了吗

当价格不变时，集成电路上可以容纳的元器件数目，大约每隔18～

24 个月就会增加一倍，性能也将提升一倍，这就是英特尔创始人之一戈登·摩尔在 1965 年提出的摩尔定律。虽然摩尔定律指出的这种趋势已经延续了超过半个世纪，但不管是摩尔本人，还是物理学家都认为摩尔定律将失效。

即使科技不断进步，摩尔定律也很难战胜物理定律，因为晶体管再小，功率密度也是保持不变的，它一定会遇到临界点。硅谷创业教父史蒂夫·布兰克甚至认为，摩尔定律在十年前就失效了，只是人们没有察觉而已。

虽然摩尔定律失效，但在新的计算机架构、芯片封装技术、低功耗内存方面，还有很大的创新空间，硬件的创新在虚拟现实、显示技术、传感器、可穿戴设备等领域，还没达到能配得上目前芯片的地步。所以，想想能用芯片做什么或许比试图增加芯片的性能更有意义。

✎ 13. 机器人与老龄化

研究表明，机器人与老龄化世界存在直接关系。麻省理工学院和波士顿大学的联合研究结果显示，在 1993 年到 2014 年，投资机器人数量最多的国家正是老龄化最快的国家。另一项来自德国的研究发现，如果人口增速下降 1%，机器人所占密度将提升 2%。

老龄化正以两种方式创造自身对自动化的需求：一是市场劳动力缺失，二是对护理及陪伴的需求。比如，日本在 8% 的疗养院里添置了起重机式机器人，用来帮助护理工作；索尼新款机器狗 AIBO 在开始售卖的三个月里，就销售了 1.1 万台。机器人领域专家吉尔·普拉特估计，三分之一的机器人公司在 6 年之内会制造服务型机器人。

第六章

领导力与
团队沟通

领导力并非行政特权带来的，而是一种让其他人自愿跟随的能力。拥有领导力的人不仅能像管理者一样正确地做事，更懂得如何做正确的事，往往能挑战现状、激励人心、展望未来。而沟通是团队协作的基础，领导者和管理者想要组建一支高效团队，首先要保证沟通的畅通和高效。

一、战略与战术

1. 制定战略要考虑的五个问题

管理学教授认为，制定战略要求企业管理者回答下面五个问题：

（1）你想做什么？即企业确定的目标是什么。

（2）凭借什么？即企业实现目标，应当具备什么必要条件。

（3）你有什么？即企业要了解自己的能力和资源，明确自己的相对优势。

（4）你还缺什么？即企业除了必要条件外，还欠缺什么充分条件。

（5）你要干些什么？这是最关键的问题。

当企业很清楚自己缺什么时，它就能做出选择，并且决定做什么对企业来说最关键，而这个最关键的选择，就是战略选择。

2. 战略的上三路和下三路

有企业家把战略分为上三路和下三路，上三路指的是使命、愿景、价值观，而下三路指的是组织、人才和考核指标。

使命就是表明公司为什么而存在的理由。使命的问题应该反复讲，讲到让公司人人相信。公司在做重大决定的时候，要先问一下决定是否符合使命。愿景指的是公司要去往哪里，要发展成什么样子。价值观就是做事的方法，是做事的标准和共识。如果你希望培养一批同舟共济的人在公司里，就必须要有价值观，而且必须考核。

3. 牛津情景规划法

牛津情景规划法是一种战略规划方法，这种战略规划法的特点在于并不为未来做很多确定性的规划，甚至不给出未来情景的发生概率，而是注重识别和探索多种可能的情景。

牛津情景规划法的一个核心就是区分组织所处的直接业务环境和更广阔的运营环境，其中，直接业务环境属于第一层面，包括公司的供应商、客户、竞争对手、合作伙伴和其他利益相关方；广阔的运营环境属于第二层面，由超越组织直接影响的所有因素构成。牛津情景规划就是要探索第二层面可能给第一层面带来怎样的改变。

运用牛津情景规划制定公司战略，需要做好如下几点：

（1）付出时间和精力。与设想情景相比，要把双倍的时间用在设定期望值、确定情景的意图和可用性上。

（2）帮助参与者认清当前战略是基于哪些对未来的假设。集中探讨有限的几个情景（通常是 24 个），制定各种可能的替代性方案。

（3）准备向情景规划流程投入大量时间和资源。

（4）牢记情景规划是一个迭代过程，需要不断去完善。

4. 叙事性战略与传统战略

传统的战略是通过分析方法去预测未来、探索机会和规避风险，是关于如何构建未来世界的。但在管理学家野中郁次郎看来，战略应该更多是当下的，是一种运用叙事解决当前问题的方法，称之为叙事性战略。在叙事性战略的框架中，战略指导员工如何思考和处理现实问题，同时与组织的历史轨迹保持一致，而非明确告知员工每一步该做什么。

他认为叙事性战略要好过传统的规划性战略，原因在于传统的分析和规划战略法忽视了隐性知识，更多依赖于显性知识。在野中郁次郎看来，所有的显性知识都是关于过去而非关于现在或未来的，当今的商业环境变化如此迅速，它会让现有的显性知识迅速过时，过于依赖显性知识，会妨碍人们准确理解商业环境。

✎ 5. 决定战略成功率的 10 个杠杆

麦肯锡发现，有 10 个杠杆最能决定战略的成功概率，还能预测企业 10 年后在经济利润曲线上的位置，这 10 个杠杆分别由优势（3 个）、趋势（2 个）和举措（5 个）组成。

优势就是企业的起点，包括企业规模、借债能力和研发投资。趋势是指行业和地域，这 2 个趋势既能助你乘风破浪，也能令人逆风而行，还可能从侧面对你猛击。举措包括并购、配置资源、资本支出、生产力改进、差异化提升等五个方面，是公司最稳妥的筹码。

✎ 6. 聚焦领域压倒性投入

任正非经常使用一个术语，意思是要聚焦在特定的领域投入压倒性的资源。用任正非的话说："我们的资源和技术有限，如果把资源用得太分散，就没有办法成功。因此，在一个特定的领域选择缩小焦点可以取得突破。"通过这种高度聚焦的方法，华为开始在特定的领域领先于西方同行，然后开始在这个特定的领域建立市场优势，逐渐积累资本。渐渐，华为就在一个集中聚焦的领域成为领导者。

✎ 7. 大胆战略、小心执行

伟大的战略家往往会通过做出大胆的决定扭转竞争格局，重塑他们的企业，这些大胆的决定往往不仅会吓到竞争对手，也会吓到同事和合作伙伴。

对于这样的战略家而言，一方面要有勇气，另一方面又要能巧妙执行战略。比如，微软在开发 Windows 时，比尔·盖茨是在确保微软其他业务强大到可以让公司保持运行后，才开始与 IBM 进行对抗竞争的。同样，安迪·格鲁夫为了让英特尔成为下一代微处理器的核心选择，在资本开支上投入几十亿美元，但他通过分阶段引入资本投资来减少风险，让英特尔从一个小型创业公司变为行业巨头。

8. 向下传递战略的分歧

战略上的分歧通常在最高层级别就已经存在，然后再向下扩散，层级越往下，能理解到战略重点的人就越少。

一般认为，战略上的共识会随着层级逐步往下，递减速度先慢后快，到了距离最高管理层最远的一线主管那里，会急剧下降。但事实上，最高层和他们的直接下属之间的递减速度是最快的，也就是说，认知断层最严重的地方是公司最高层和他们的直接下属之间。为什么会这样？原因可能是公司的核心管理层视角比较全面，而他们的直接下属只能从自己管辖的部门视角来看待问题，所以常常会产生战略认知偏差。

9. 小狗战术

2014 年诺贝尔经济学奖得主朱·弗登伯格和让·梯若尔曾提出过小狗战术的概念，意思是尽可能让自己看起来人畜无害，让竞争对手对你的意图完全不知情，甚至要通过伪装和误导来让市场无法揣测你的真正意图。

在这种情况下，你的企业就会被市场和竞争对手低估，当你进入一个新领域时，会一举取得胜利。尽管乔布斯是一个强硬的企业家，但他也是采用小狗战术的高手。比如，他在做 iTunes 音乐商店时，在跟几个唱片公司谈判时故意隐藏了未来的发展可能性。

✎ 10. 跟随者策略

行业处在头部的企业有很多优势，比如在融资、吸引人才、面对客户，都比跟随者要占便宜，那么处在行业跟随者位置的企业怎么办呢？

第一种常见的策略就是行业头部企业做什么，你就做什么，这样至少保证不会出大错，这种策略要求跟随企业非常好地去研究行业领导者，熟悉其手段和模式。第二种常见的策略是在诸多的竞争业务中寻找一个突破口，这个突破口应该是有战略意义，但对手却有不足的业务。

关于第二种策略一定要注意的是，这个突破口业务一定要是已有的业务，而不是新业务。为什么不是新业务？道理很简单：如果你是行业追随者，其实很难把资源用在新业务上后还能跟上头部企业的步伐。一旦行业头部企业在这个领域跟你抢夺后犯错，就可能消耗大量资金，这时跟随者就可以迅速跟进，去抢夺已有的市场。

✎ 11. 如何减少 "仇家"

商场如战场，难免会树立"仇家"。如何减少呢？日本家居行业巨头尼达利的做法，就是保持 10％ 的商品是来自合作伙伴，而不全是自有品牌。

这样做的原因不是他们没有这个能力，事实上，他们早年就是100％ 卖自有品牌的货，后来放开 10％ 引入竞争对手的品牌。他们这样做的理由，一是为了不会对竞争对手的信息完全隔绝，二是让竞争对手看到某种友好的信号，让他们认为尼达利是乐于合作的。这就等于让他们放弃了一定要拼个你死我活的想法，把"仇家"变成了朋友。尼达利利用这 10％ 的空间，在事实上消解了对手的斗志。

✎ 12. 赢得竞争的三条准则

要想在日益激烈的竞争环境中取得胜利，可以考虑如下三个准则：

（1）不要试图抓住所有的顾客。不同的顾客购买的是不同的价值，如果你想在各方面都表现一流，反而会在各方面都走向平庸。企业必须找准自己的目标顾客，专注于自己的价值目标。

（2）价值水平要不断提高。公司只有不断为客户提供更高的价值，才能赢得客户，从而保持市场地位。

（3）要创造独特性。提供一种无可匹敌的独特价值，有一套专注于这一价值的一流运作模式，公司才会有不可替代性。

二、 领导力的要素

1. 领导者和管理者的关键区别

Sampark 创始人魏尼特·纳亚尔在《哈佛商业评论》发表文章，指出领导者和管理者有三个关键区别：

（1）管理者计算价值，而领导者创造价值。如果一个人在管理他人，这意味着他或许只是在计算员工创造的价值，但没有增加价值。相比之下，领导者更专注于创造价值。

（2）创造的圈子不同。管理者有下属，领导者有追随者；管理者创造的是权力圈子，而领导者拥有的是影响力圈子。

（3）工作方向不同。管理要求控制一个群体以达成一个目标；而领导主要影响、激励和帮助他人提升为组织作出贡献的能力。

在上述三个区别中，任务领导者创造价值的功能意义重大。当全社会都在保护企业家精神的时候，实际上很大程度上就是要保护这种带领组织创造价值的能力。如果一旦企业家（领导者）失去创造价值的土壤，对整个社会而言就是一种灾难。

2. 六个领导力原则

牛津大学全球化与发展学教授伊恩·戈尔丁和牛津大学马丁学院研究员克里斯·柯塔纳总结了六个领导力原则：

（1）接受现实。拒绝真相、不敢面对现实是人之常情，但具有领导力的人不会自欺欺人。

（2）直面既得利益。很多新点子会遭到抵制，比如，出租车司机抗议网约车平台，具有领导力的人不会马上停掉网约车，而是想看损害了哪些既得利益，然后想办法解决。

（3）默认创新是好的。这一点从中基层管理者而言就不见得是好的，反而会成为他们阻止的对象，从而帮助他们降低管理的不稳定性。

（4）鼓励试验，否则就没有机会迎接创新。

（5）拒绝简单粗暴的分类，越简化就越难看出因果关系。

（6）别贴标签，否则往往会加深人与人之间的隔阂。

3. 自恋特征

一项研究估算了历任美国总统的自恋程度，结果显示：在自恋的几个关键衡量标准上，80％的美国人的自恋程度都要低于美国总统的平均水平，这意味着，自恋性格和领导者之间可能存在必然联系。另外在一个实验室试验中，几个互不相识的个体组成无人领导的小组，最后自恋者往往更容易成为领导者。

研究认为，一个人的自恋程度一定程度上预示着他能不能成为一名领导者，这里的原因，一是自恋者拥有或被认为拥有一些积极的品质，比如更高的创造力；二是自恋者会花更多时间和精力去设计自己的外在形象，他们往往是形象管理大师，通过给人留下自信的印象来吸引他人。

4. 领导力的高峰年龄

科学家发现，人类一部分大脑功能会随着年龄增长而衰退，其他认知能力则会保持不变甚至会变强。乔治城大学的心理学家荣誉退休教授达琳·霍华德指出，综合平衡这些得失的结果之后，多数人的领导能力在 55 岁左右达到高峰。

翻看《财富》杂志列出的全球首席执行官发现，前十强企业的首席执行官大多数年龄在 50 岁到 60 岁。

5. 老子认可的领导者

老子说"我无为也，而民自化；我好静，而民自正；我无事，而民自富；我无欲，而民自朴"。

他认为，最好的领导者，是让一切合乎规则，使大家各尽其责，各司其事，让老百姓感觉不到他的存在；次一等的领导者，是让老百姓能亲近并赞扬他；再次一等的领导者，是让老百姓都畏惧他；最次等的领导者，是让老百姓都辱骂他。

6. 什么是真正的无为而治管理思想

很多人认为老子提出的无为而治思想，就是什么都不管，这其实是对无为的误解。

无为不是指不作为，而是指不强为、不妄为、不为所欲为。老子强调要"为之于其未有，治之于其未乱"。所以，无为之为就是要因势利导，依规而行、循道而为，无为而无不为。

无为而治的思想运用到现代管理实践中，就是要求管理者做好制度设计与机制优化，要依据事物发展的客观规律而为，不应过多干涉被管理者的工作，充分发挥其主动性和创造性，引导个人诉求服从并服务于组织目标，从而实现整体效能最大化。

🖉 7. 去层级并不是不要领导力

现在普遍认为，扁平组织强调个人能力，因此不需要强调领导力，但实际上，去层级组织反而比层级组织更需要强大的领导力。

如果领导层不能设置清晰的战略重点和方向，扁平组织很容易陷入混乱。比如，尽管决策和责任都落实到个人，员工在创新方面都有很高的自主权，但公司还是需要有强大并且很有远见的领导者，他们的主要作用在于向员工传达组织的目标，以及组织运营的重要原则。当然，扁平化并不是让领导者和具体的项目保持距离，而是让领导者缩短这个距离。

🖉 8. 多样性经历与领导力

伦敦商学院教授罗伯·高菲及其合作伙伴加雷斯·琼斯在对领导力的研究中指出，多数卓越的领导者都有复杂的认知和观察技能组合，而这种情商完全可以通过后天努力习得。

他们发现，如果你在早年生涯中曾频繁迁徙，那么观察和认知技能会强于只在一个地方居住过的人。如果管理者在成长阶段有大量工作生活体验，有助于提高他们阅读理解不同人群和场合的能力，从而使他们能够更有效地管理员工，并寻求个人和组织的发展机会。

🖉 9. 文学与管理学

2018 年 9 月 29 日，组织学习理论先驱、权变理论的创始人之一詹姆斯·马奇教授去世，享年 90 岁。马奇是为数不多可以称为管理学大师的人。

在马奇所在斯坦福的领导力课堂上，他常常开出一串经典文学作品的书单，供学生通读和讨论。比如，莎士比亚的《奥赛罗》、萧伯纳的《圣女贞德》、托尔斯泰的《战争与和平》、塞万提斯的《堂吉诃德》等。

他坚信领导力的基本问题和人生的基本问题没有什么不同，而对于人生的基本问题，伟大的文学作品很可能比社会科学谈论得更好。

10. 管理理论的价值

很多企业培训不重视管理理论的学习，而非常强调所谓的实战，这其实是不对的。理论提供的虽然不是具体方法，却是地位重要的思考工具和逻辑框架。

理论会教你怎么想出一个方法，依据什么原则和方向去思考，从而去解决实际问题。理解理论背后的逻辑，比记住理论本身在讲什么更为重要。

11. 家族企业的力量

在很多人看来，家族企业是一种落后的企业类型，但从数据和影响力而言，可能出乎很多人的意料。据有关统计，美国家族企业的比例达到 54.5%，西班牙为 71%，澳大利亚为 75%，英国为 76%，意大利和瑞典甚至超过了 90%。而在亚洲许多经济体中，家族企业更是成为企业的主要形式。

家族企业不仅在数量上占据优势，其影响力同样不容小觑。据调查显示，在标准普尔 500 指数的成分股公司中有 177 家属于家族企业，财富 500 强中 37% 的企业是家族企业。沃尔玛、福特、洛克菲勒、宝马、索尼、丰田、三星、现代等家族企业，每一个名字都举足轻重。

按 10 年平均值计算，美国家族企业的股票投资回报率为 15.6%，而非家族企业的股票投资回报率则只有 11.2%。在资产回报率、年度收入增幅两项重要指标当中，家族企业分别达到了 5.4% 和 23.4%，非家族企业则为 4.1% 和 10.8%。欧洲的情况也类似，家族企业的发展指数要远高于非家族企业。以德国企业为例，家族企业在过去 10 年里增长了 206%，而非家族企业只上升了 47%。

🖊 12. 成功的家族企业形式

我们常说家族企业富不过三代，但也有很多家族企业传承时间很久。某杂志曾描述过最成功的家族企业形式，认为应当具有两个特点：

一是家族企业上市发行股票，并按时公布财务报表；

二是家族掌控大部分股权，要么亲自抓经营，要么雇佣职业经理人打理一切。

这样做不但将企业的真实经营状况放到证券监管部门的有效监督之下，而且家族和企业之间的距离最为恰当。经营状况最好的欧洲家族企业，几乎都是上面两种状态的混合物。

三、领导力的修炼

🖊 1. 职业经理人打残局的能力

创业者通常负责开局和布局，而职业经理人被请进来往往是要面对残局。许多著名的职业经理人之所以著名，就是他们空降到企业后，帮助企业收拾了残局或扭转了趋势。

在失败的空降案例中，职业经理人通常采取的第一步是带来自己人，让他们担任各个重要职位，这种做法往往会在组织内部形成对立，消耗时间和资源，无法施展扭转残局的种种手段。

🖊 2. CEO 的四种类型

《CEO 的基因》一书中，把 CEO 分成四种类型：

（1）老鹰型。这类管理者富有创意和创业精神，喜欢瞬息万变的产业，适应力和决断力都很强，他们的目标通常是带领企业获得高速成长。从现实情况来看，这种 CEO 往往也是企业创始人之一，他们更有勇气对企业进行大刀阔斧的变革。

（2）高效的工作机器。这类管理者是高效率的楷模，为了创造出最大价值并压低成本，他们会重新调整工作流程。

（3）随时上阵的救火队长。这类管理者拥有出色的谈判能力，公司局面越是紧迫，越能激发他们的斗志，不管多么艰难，他们都会毫不迟疑地做出策略。不过笔者认为，这类 CEO 救完火后，往往会快速退出团队。实际上，他们的策略也许在危难时刻很管用，但是对于企业可持续性发展不见得非常有效。

（4）安全可靠的厚实肩膀。这类管理者沉稳可靠，做事深思熟虑，擅长从人际交往中塑造影响力。他们会稳健地推动公司内部改革，聆听团队的意见。

3. 经理人的六种思维类型

佛罗里达国际大学的一个研究团队研究了 155 位管理者，调查了 70 多个组织中的经理人，从中归纳出六种思维类型的经理人：反传统、自我主义、变色龙、发电机、建造者和超越者。在这六类人中，企业应该找到后三种类型。

反传统、自我主义、变色龙这三种类型的经理人会对组织和团队产生坏处。比如反传统型的主管会不在乎他人感受，不计手段达到目的；自我主义型的主管，或许能带领组织成长，但那是在符合其个人利益的状况下；变色龙型的主管想要服务所有人，这导致他们很难坚定自己的立场或承担责任，不容易获得下属信任。

4. 管理者谨慎使用太奢华的办公室

很多企业管理者，尤其是企业老板以为要把办公室装修得很奢华，这样可以显示企业的实力，展示管理者的品位。

从心理学的角度讲，这种想法其实错了。一般而言，办公室越奢华，管理者对现在拥有的东西就越珍视，就越容易为失去的东西而焦虑，也就越难冒风险去做一些创新和变革，从而会慢慢让企业失去未来。

5. 领导人的信息茧房

信息茧房，指的是人天生倾向于去看自己感兴趣的内容，但如果只看自己感兴趣的内容，就会陷入蚕茧一样的茧房，其他重要的内容被隔绝在外。

很多企业领导者其实也很容易陷入信息茧房之中，原因是身边人的反馈是他们接受信息的主要途径，这些人们总是会过度赞赏，使他们很少读到对他们批评的信息。时间一久，他们对批评意见就无法接受，即使接收到批评意见，他们首先想到的就是先找出意见的缺陷，再进行攻击，同时身边的人也会帮助他们进行攻击，以证明他们的英明。久之，组织内部也出现排斥异类的文化。

6. 领导者需要具备的四个要素

约翰·钱伯斯曾是著名科技公司的执行董事长，他认为领导者需要具备以下四个要素：

（1）要有能力清晰表达一个非常明确、有别于他人、有可持续性的公司愿景和战略；

（2）要有打造一支优秀团队的能力，包括组建团队、招募以及定期更换新鲜血液；

（3）要能打造好的企业文化，这决定了企业所吸引的人才类型、如何保留他们，以及客户如何看待企业；

（4）能够与所有的支持者沟通，传达每个重要因素。

7. 领导们常犯的四个错误

巴布森学院从事职场研究 20 年的克罗斯教授列出了在他看来，领导者常犯的四个错误：

（1）提出问题，然后期望员工知道所有答案。这会导致员工们试图把准备工作做到天衣无缝，但也会导致害怕犯错。好领导会雇用能迅速找到正确答案的人，而不是事先就能预测可能会被问到的问题，并准备好答案的人。

（2）忍受不了一定程度的不确定性。好领导应该愿意在尚不明确的情况下推进事情。笔者认为，忍住不确定性恰恰是领导者和管理者之间的重要区别，领导者往往表现为对未来负责，而非现在，这就需要有容忍不确定性的勇气。

（3）要求每个人都要逢会必到。好领导要能意识到公司可能存在过度合作，从而损害效率。

（4）营造恐慌氛围。这会导致焦虑的员工不敢在会议上踊跃发言，分享一些不完美但可能有创新的想法。

8. 未来领导者的工作边界

由于互联网、大数据、智能设备技术的发展，未来领导者的私生活和公共生活之间的界限将越来越模糊，这时他们不得不学着收敛自我，学会实现权力转移。为适应这点，领导者现在和未来必须改变既定的思考和工作方式，把习惯发号施令、威权统治的思维丢弃。

与此同时，领导者以后也不得不尝试评估和应用他们并不理解、也无法掌控的新技术。无边界沟通技术和虚拟工作环境改变了人们的互动方式，领导者必须利用新媒介连接起文化背景和业务角色不同的众多员工。即使缺少数字化知识，领导者也必须具备数字化智慧。

✎ 9. 时间管理的事情优先级

巴菲特认为时间管理首先是对要做的事情排好优先级，然后严格地对其他事情说"不"。巴菲特自己找到优先级事物的方法是：列出自己要做的 25 件事，选出前 5 件，剩下的 20 件事情打死也不要去碰，这里面其实有两个关键点，一个是找到自己应该最先去做的事，另一个是坚决对其他事情说不。后者会让你感觉自己非常忙碌，但收益却不大。

虽然巴菲特执掌的伯克希尔公司在世界 500 强排名前 10，但是大部分 CEO 要做的事情他都不会做，比如，跟股票分析师谈话、接受采访、参加行业活动、开大量内部管理会议等。

✎ 10. 创造者时间表和经理人时间表

硅谷知名创业孵化器 YC 的联合创始人保罗·格雷厄姆提到了两种不同的时间表：创造者的时间表和经理人的时间表。

很多人之所以在工作的时候觉得很累又缺乏成就感，是因为他们的时间被分成了以小时为间隔的片段，注意力不断地从一个任务切换到另一个任务，这种就是经理人时间表。想要产生创意，需要有整块的时间用来专注工作，这种整块的时间就是创造者的时间表。

✎ 11. 从做事用人到用人做事

做事用人是指事情已经想清楚了，这时候领导者只需要排兵布阵，把人放到合适的位置上，按照既定策略去做。但是当组织越来越复杂，就需要学会用人做事，就是说，这事怎么干自己也没想清楚，这时候就需要找到最有可能把这个事情想清楚和做出来的人，让他来带一个合适的组织。

做事用人需要找到执行力非常强、能够根据清晰的策略去做事的人。用人做事则需要找到你相信其策略和排兵布阵的能力，能把这件事展开的人。

12. 当场解决问题与事后解决问题

作为汽车行业的巨头，丰田一直秉承这样的工作方式：生产线任何环节出现问题，每位员工都有权力立刻停止整条生产线，在发现问题的当时，就直接解决。

可能很多人都会觉得这种随时停掉生产线的方式，一定会降低整体的工作效率，欧洲名车的生产，都是将问题归总放在最后处理。但数据却表明，欧洲名车在生产过程中，每100辆就有78.7辆瑕疵品，而丰田只有34辆。而且研究表明，对于每年要生产百万辆汽车的工厂来说，事后重新解决所付出的时间和成本，是立即修改的24倍。这告诫我们，当工作中出现问题时就立即停下来，找到问题出现的原因并规章制度化，效率往往会更高。

13. 集中思维与发散思维

集中思维，指的是通过现有的答案迅速找到解决办法，但这种思维没办法带来新想法。发散思维，则要打破限制，探索所有的可能性，而不是直奔解决方案。

这两种思维方式在工作中可能都会用到，比如确定品牌战略时，可能需要集中思维；开发新产品时，可能需要开放思维。

四、管理决策与沟通

1. 华为的轮值 CEO 制度和决策流程

尽管很多人认为任正非在华为具有绝对的权威，但实际上任正非制定的华为轮值 CEO 制度和决策流程，就是为了避免公司某一个人有绝对权威。

华为有三位轮值董事长，每个人都能做重要决策，但都必须征求其他两个人的看法和支持。三位达成一致，接下来才能拿去常务董事会讨论，大家再通过少数服从多数的规则举手表决。如果通过，还要提交董事会表决，也是少数服从多数的原则。这个机制被称为"王在法下"，不能一言堂。

华为从上至下的行动之所以非常一致，是因为华为的规则高于行政。在华为，建立规则时广泛征求意见，但是制度形成后就必须执行，不执行就要被免职。外界感受到华为决策快，其实不是决策本身快，是因为决策有一套制度流程。华为的决策过程并不快，快的是决策之后的行动。

✑ 2. 做量少而质精的决策

尽管在科技界，创始人和程序员都以长时间工作而自豪，但亚马逊的创始人却坚持每天要睡够 8 个小时，他认为自己每天不应该过于忙碌，而应该做量少而质精的决策。

他认为要是每天能做出三个明智的决策就完全够了，要确保在自己能力范围以内是最好的。

✑ 3. 避开深思熟虑获得高质量决策

《个性和社会心理》的一项研究认为，避开深思熟虑反而能做出高质量决策。

之所以是这样，研究认为有几个原因：首先，我们脑中都存在很多无意识的想法，这些无意识的想法对处理和消化决策所需的大量信息非常关键，甚至是推动灵感产生的钥匙；其次，当考虑一个问题时，我们的大脑会进行深层次、潜意识的活动，而当思维转向其他任务时，大脑活动会继续保持活跃状态。因此，我们实际上还是在无意识地保持工作状态。此外，陷入僵局很多时候正是因为思维被困在了错误的问题解决策略上。当错误的方法主导我们的大脑时，我们是无法获得灵感的，从深思熟虑里解脱出来是往正确方向走的第一步。

4. 信息渠道对于决策的重要性

不是信息的数量决定决策的质量，而是获取信息的渠道决定了决策质量。

掌握的信息越多并不意味着有效信息越多。比如，A 职业家庭的孩子更容易成为 A 职业成员，因为接受的相关信息越多，越会觉得 A 职业好。真正有意义的信息，数量并不需要很多，掌握没价值的信息越多，对决策反而越有害。

5. 重视外行人的观点

本人有时去一些企业做培训，课上课下经常会遇到这种情况：当你对某个具体问题提出相关建议或解决方案之后，企业的高管们总会说"老师您可能不了解这个行业，事情没有那么简单。"

的确，外行人对行业的认识有限，但外行人的主要优势恰恰就在于他外行人的身份，他可以从外行人的角度出发，察觉所有局内人根本想不到的问题。一家公司可能有很多聪明的高管，但他们已经接受了各种关于如何做事的制约条件。局内人往往会将特定情况视为独特情况，而外行人更有可能对各种情况进行归纳总结。将外行人的论点进一步扩展，从他们的角度来看待问题，可以让企业觉察到更广泛的相关信息，获得从来没有的启发。

6. 领导和员工之间建立信任的关键要素

管理咨询专家杰克·曾格和约瑟夫·福克曼对全球超过 87 000 名

领导者进行了调查分析，发现了领导者和员工之间建立信任的三个关键要素：

（1）良好的人际关系。越能和其他人或团体建立良好人际关系的领导者，越容易获得员工的信任。为了培养信任，领导者需要做到以下几件事：积极和员工保持联系，了解员工正在做的事；在关心项目结果的同时，也要关心员工；和员工形成合作，一起解决问题；能够给出诚实、中肯的反馈。不过，笔者认为对于创业期和危难期的企业而言，领导者这种良好的人际关系能力不见得是一件好事。

（2）很强的判断力或是专业能力。领导者具备广泛的知识、掌握工作所涉及的技术并且拥有丰富的工作经验，能对团队取得成果作出重要贡献，还要能预见问题并快速解决问题，这样员工才会主动寻求和采纳领导者的意见。

（3）言语和行动保持一致。信任的最后一个要素就是领导者言行一致，如果领导者能够以身作则，而且做得比预期还要好，员工对他的信任度就会非常高。笔者看到，很多企业领导者正是因为一次次的言行不一致，导致员工的信任减弱，最终带来的结果是制度规范的失效，执行效率越来越低。

7. 领导者的午餐会沟通法

领导者为了更好地和员工沟通，倾听员工的心声，选择了一种独特的沟通方法——午餐会沟通法。

领导者每周选出 10 名员工与他们共进午餐。在进餐时，领导者会详细了解每一个人的姓名、履历、工作情况以及他们对部门工作的建议。为了让每位员工都能畅所欲言，领导者尽量避免与一个小组或一间办公室里的两个员工同时进餐。另外，领导者会要求每个人说出他在工作中遇到的一件最让他兴奋的事情和一件最让他苦恼的事情。进餐时，一般会先跟对方谈一谈自己最兴奋和最苦恼的事，鼓励对方发言。然后，领导者还会引导大家探讨一下大家近来普遍感到苦恼，或者普遍比较关心的事情是什么，然后一起寻找最好的解决方案。午餐会后，领导者一般会立即发一封电子邮件给大家，总结一下"我听到了什么""哪些是我现在就可以解决的问题""何时可以看到成效"等。

✎ 8. 皮克斯开会的四条原则

世界著名的创意公司皮克斯开会坚持四条原则：

（1）同事和同事平等对话。创意团队成员之间的沟通是完全平等的，而不是老板和下属之间的关系。

（2）消除会议室里的权力架构，确保公平的对话。皮克斯不允许组里任何人凌驾于导演之上。公司中有权力的人不会成为讨论的发起者，他们可以提出一个主题但不参与具体的讨论过程，等讨论结束之后再让他们进来听结论，这个原则可以让领导人更好地倾听，而不是以维护自己的防守姿态参与讨论。

（3）所有人畅所欲言，真诚地给出自己的建议，以及聆听他人的建议。

（4）认真仔细地观察每个人的表现，观察其他人是否对讨论有贡献，以及是否真的在互相帮助。

皮克斯的这四条原则，笔者认为是有特定应用场景的。对于创意型的、知识型的公司，这种开会风格用起来会产生明显的正向结果。但是对于一些劳动密集型的制造型企业，在运用时就需要非常谨慎了。

✎ 9. 信息即权力

当一个人能够获取某些信息，离某些信息更近的时候，实际上就是获得了某种权力。

一旦一个人能获得比别人更多的信息，那么他就能获得更大的注意力和关注度，这时就自然会在其身边围绕很多人，也就是在某种程度上会获得权力。比如一些围绕在领导身边的人，即使职位非常低，但是身上隐性的权力也是非常大的。

10. 管理者要有会讲故事的能力

人人都有爱听故事的天性，所以在实际沟通中讲故事胜于讲道理。公司中会讲故事的员工，也往往特别有好人缘，受到很多人的喜欢。

作为一名管理者故事讲得好，对内能给同事树立愿景，提升团队凝聚力，对外能树立企业形象，创造影响力，特别在大型、分散又多元的组织，讲故事是传播公司文化、强化共同目标的有力手段。

11. 有效沟通的六原则

布伦特·格里森总结了团队沟通的六个原则：

（1）简约，这是最主要的原则，你必须能在 5 分钟或者更短时间里，把你想要传达的内容说清楚；

（2）真实可信，如果没办法让人相信，在实现愿景或者目标的过程中会遇到很多阻力；

（3）多渠道，公司简报、内部邮件、员工会议，都可以成为沟通渠道；

（4）重复，要经常重复、公开表扬那些做得好的人，这样可以让某个愿景或者目标的传播过程进展得更快；

（5）一致性，虽然你传播的内容和你采取的行动不一定要完全相同，但两者之间一定要有某种关联；

（6）获取反馈，你要问团队成员的反馈意见，这样不仅能显示你关心他们，同时能让你获得在办公室听不到的观点。

12. 亚马逊沟通时的三种方法

亚马逊在进行沟通时会采用三种方法：

（1）通过备忘录提高内部讨论的质量和效率；

（2）通过格言来让公司所有人目标一致，让企业文化深入人心；

（3）通过股东信直言不讳表达公司策略。

笔者在给一家企业做企业文化策略时，曾尝试用格言来传递企业文化，实际应用效果的确非常好。如果你的企业有明确的企业文化条文，但是发现员工不了解，很难执行时，不妨将其中一个关键的内容格言化。

13. 公司内部沟通不畅的原因

公司内部沟通不畅有很大一部分是因为沟通群体间的差异性，常见的差异性主要有两种：

一是组织层级上的差异。越是高层的管理者，其思维越以策略和经营为导向；越是基层的员工，他们的思维越偏向执行。

二是专业领域上的差异。像业务、营销、客服等功能性部门，他们通常着眼于业绩问题和客户遇到的问题，然后提出自己的需求，这些需求大部分都是单一功能的；而接收需求的研发部门，通常都希望能够找出需求的共同点，以系统化、根本性地解决问题。

14. 沟通难的原因

沟通很难主要因为下面三个原因：

（1）每个人大脑里的信息储备不一样。由于每个人的大脑信息储备和处理能力不同，导致不同专业背景、不同职位、不同成长环境的人在知识储备、理解力、思考模式上完全不一样。

（2）语言传输过程中的损耗。进行沟通时，双方说出的任何语言都会经过信息的处理和接收，这就依赖于各自的信息储备，这个过程中信息一定会有损耗。

（3）人们很容易进入以自我为中心的思考模式。这里又有四种心态：一是觉得对方就应该听懂，如果不懂就懒得沟通；二是觉得自己已经讲得很清楚了，对方应该能听懂；三是自尊心态，或者自卑心态，也就是别人不理自己，自己也不理别人，不屑于沟通；四道德制高点心态，比如有人会说自己就是想把这件事做好，所以大家应该理解他。

🖋 15. 人们为什么会喜欢聊八卦

加州大学河滨分校的研究团队在一项研究中，总结了人们为什么喜欢聊八卦的几个原因：

（1）聊八卦让对话双方彼此信任，创造合作的可能。这是一种社交技巧，是个体和别人产生连接的重要途径。生活中，我们往往会发现很多时候拉近跟另外一个人的关系，是从聊一个八卦开始的。

（2）聊八卦是为了自我保护和进步。格罗宁根大学的研究团队认为，由于害怕声誉受到损害，我们需要听别人的八卦，尤其是负面八卦，以此来保护和提升自己。获得信息之后，人们会进行评估和自我反思，有则改之，无则加勉。

（3）聊八卦让人收获了社会资本。这可以让你在面对别人时很有自信，有了社交谈资。

（4）聊八卦让我们有机会确定自己真正在意的事。比如，你在抱怨某个朋友时，其实是在抱怨对方爽约，辜负了你珍惜的相聚机会。

🖋 16. 赢得谈判的三个要点

国际谈判专家马蒂亚斯·施汉纳认为要赢得谈判，需要注意三点：

（1）放弃我是对的，你是错的。纠结对错是没办法达成共识的，谈判不是为了证明自己是对的，而是要和对方一起找到解决方案。谈判不是要赢了对手，而是要赢得对手。在实际的谈判中，处在谈判中的人往往很难做到，更多的时候是在奋力表达自己预先设定的观点。

（2）分析对方的动机。要分析清楚，对方在想什么？为什么他一定要做这件事？

（3）提出新的条件。你需要考虑一下有没有其他可行的方案，而这个方案可把对方争取到一张新的谈判桌前，那里有你熟悉和掌握的套路，就像你面前的房间有很多扇门，你要一一去推，直到推开为止。

第七章

组织管理与激励

企业领导者和管理者应积极调动组织运行所需的各种资源，协调管理和实施组织运行，最终达到良好的绩效结果，完成组织目标。员工作为完成目标的主要成员，企业应激励员工在这个过程中保持高昂的情绪和积极状态，充分挖掘个体和团队潜力。如果激励得当，团队的战斗力就会得到大大加强。

一、 对组织的新认知

🔖 1. 以顾客为中心打破经营边界

很多行业的边界都在不断被打破，行业间的界限越来越模糊。

作为企业管理者，现在对于组织边界的理解也要顺应做出调整：始终以顾客为中心，但经营范围却可以打破。总体的方向应该是，以顾客的需求为方向，提供满足需求的升级产品，打破原有的组织边界，而不是固守原有边界。

🔖 2. 组织中的协作泛滥

组织需要团队协作，本来这是一件好事，但越来越多的协作使得组织效率反而降低了，这就是协作泛滥。

协作泛滥往往导致精力的集中消耗或缓慢消耗两种情况。精力集中消耗往往来自领导要求接手项目、同事需要帮助、本人出于责任或不想错过机会，参与过多额外的工作。精力缓慢消耗往往不易被察觉，这是由于每个人随着工作的开展会拥有更大的社交网络，从而导致协作从数量、范围到节奏都在逐步增加，因此越来越需要承担更多工作。协作泛滥最终的结果是效率降低，甚至可能将个人拖垮。

3. 共生组织的共生信仰

个体与组织的关系，因为互联网技术和个体价值的崛起，由个人服从组织目标的服从关系转变为个人与组织的共生关系。

想要实现员工和企业共生，有两个基础非常重要：一是价值分配，二是企业文化。企业的价值分配原则，以及员工在整个价值分配链条中处于什么样的位置，这些问题代表这家企业的价值观，是企业文化的一部分。对于企业文化，员工如果真心认同，就会和企业一起走得更加长远。

4. 以基层小组织为驱动的企业

自上而下管理，组织能力和执行结果一般会自上而下层层递减。而如果能实现自下而上管理，每个岗位都能自我驱动，那么组织能力和执行结果也会随着时间逐步递增。

以基层小组织为驱动的企业，局部犯错不会给企业带来系统性打击，也不会因为某个人离开而影响整体工作，而且这种小组织内不同职能成员发挥集体智慧，还可以多维度规避风险和净化平庸。

5. 科层制的终结

自组织是在没有外部指令条件下，系统内部各子系统之间能自行按照某种规则自我发育、自我管理、自我成长，享受最大化激励的经营单位。因为自组织，企业内部原来科层制的金字塔管理组织正受到严重挑战。

《科层制的终结》指出，现在企业外部厂商关系由原来的相互依赖，也开始分裂为自组织。因为在移动互联时代，工厂可以实现直接连接消费者，零售商也可以委托工厂来制造商品，不一定全要靠被动接受制造业的产品，于是中间渠道被打乱和重构。

🔖 6. 帕金森法则

在行政或企业管理中，机构会不断增多，人员会不断膨胀，每个人都很忙，但组织效率越来越低下，这条定律被称为帕金森法则，又叫金字塔上升现象。

🔖 7. 多样性的认知与效率

一个社会和企业保持多样性，毫无疑问是有利于这个组织健康发展的。保留越充分的多样性，对组织而言就越能获得不受局限、逼近真实的认知，但如果任由多样性扩充，就会丧失组织效率。

当目标相对明确、不确定性小时就应该减少多样性，尽快采取行动。因为一旦陷入过度的多样性，又将陷入需要不断优化决策的循环中，可能就再也无法取得实质的进展。但如果目标不具体、不确定性较高，就需要扩展多样性，以应对未来可能出现的目标。

🔖 8. 腾讯调整组织结构意味着什么

腾讯的组织结构在 2019 年进行了大调整，之前已经六年没做调整的组织结构显然已经不太适合未来的发展趋势。

调整后的腾讯新成立了云与智慧产业事业群（CSIG），预示着云计算在公司组织架构中的地位会得到极大提升。尽管此前腾讯不止一次在公开场合强调云计算的重要性，但它终究只是一个事业群下的一个部门，而阿里云在阿里的组织结构中重要性要大得多。另外，这次组织结构调整腾讯还宣布要成立技术委员会，提高腾讯的技术资源利用效率，以改变之前腾讯内部各个部门在技术上低水平重复建设，有价值的数据也分散在各个部门之间的问题。

很多公司的战略之所以失败，就因为只是战略发生了变化，而组织结构还是维持原状，导致战略与结构的不适应，战略无法落地。相信此次的结构调整，会让腾讯的战略与组织结构相匹配，推动腾讯再上一个台阶。

9. 组织文化的传承与变革

有这么一个有趣的试验：5只猴子被关在一个笼子里，笼子上方挂一串香蕉，每当有猴子去摘香蕉，实验人员就会用水龙头去喷所有猴子。时间一长，猴子们都变乖了，建立了一去拿香蕉就会就被喷的条件反射。这时候，实验人员换掉了一只猴子。新猴子不知道规矩，马上就上去摘香蕉，结果还没等实验人员拿水冲，其他猴子就把新猴子暴打了一顿，慢慢新猴子也不去摘香蕉了。就这样工作人员依次替换猴子，每只新猴子进去，都会有摘香蕉——挨揍——不敢继续摘香蕉——看到别的猴摘香蕉就上去打的过程。最后，5只最初的猴子都被替换完了，已经没有猴子知道当初为什么不能摘香蕉了，但不能摘香蕉以及看到有猴子去摘香蕉就上去打，还是一直延续着。

这个故事用在组织的组织文化上，有两个启示：一是企业文化是传承的，具有强大的影响力，即使员工并不知道为何要这么做；二是企业文化中存在很多毫无意义的传承，一定要想清楚为什么会产生，才能有消除的可能。

二、 组织的管理要诀

1. 军队和球队的训练频次给管理带来的启示

对于军队和球队而言，不断评估、训练、提高、更上一级，是他们日常的工作，这让他们突破极限，站在最顶端。

比如空军飞行员和职业足球运动员，可能90％的时间都是在培训，

10%的时间用在实操上。但很多企业，能用10%的时间进行培训就不错了，在这样的情况下，想达到世界级水平就会成为一句空话。在员工培训上用的时间不到10%，凭什么成为世界级？就像一支球队不可能仅凭借出场比赛，就成为世界级球队。

2. 特种部队式的管理模式

从特种部队那里，企业可以学到一种全新的组织架构，特种部队有以下几个特点：

一是使命清晰、高度授权、团队小、人员精干，互相协作的时候可以完成闭环；

二是特种部队的队员拥有不一样的关键能力，包括攻击、爆炸、通信、防守等；

三是成员之间高度默契；

四是背后有强大的支持。

对应到企业来看，如果成员之间形成了高度默契，团队之间就能默契配合，不需要整天跨部门沟通，部门协作可以靠内部信息的共享完成。

3. 开放式办公到底好还是不好

《职业与环境医学》杂志发表的一项研究认为，同格子间的员工相比，开放式办公室的员工压力程度较低、活跃程度较高，跟同事的互动也更多。亚利桑那大学一项针对231名政府办公人员的研究发现：在活跃程度上，开放式办公室的员工比私人办公室的员工高出32%，比格子间的员工高出20%。

但哈佛大学的研究人员对52位来自《财富》500强的员工进行了一项实验却发现，在开放式办公室内，同事之间合作和活动的频率并不如格子间的员工。

4. 开放办公室与图书馆规则

开放式办公室一般会对员工的思维产生干扰，如果要避免这种弊端，可以遵循图书馆规则。

图书馆通常有两个特征：一是空间开放，有大量的书桌分布，这点与开放式办公室的布置一致；二是图书馆都很安静，里面读书的人可以相互不干扰，但是又彼此看得到。这避免了干扰，又提升了效率，甚至可以相互监督。

因此，开放式办公室要想克服弊端，一个可行的方向就是在布局设计和行为约束方面与图书馆的这两个特征一致。只有把办公室视为图书馆，而不是讨论室，开放式办公环境才会有效。

5. 远程工作的弊端

远程工作或在家工作是一种越来越流行的工作方式，尤其 2019 年加速了这一趋势。采用远程工作的公司不强制要求员工来办公室打卡，工作制度灵活。

但远程工作其实并不利于职场人士发展，原因主要有三点：首先，员工与管理层缺乏面对面的交流，也就失去了管理层了解和认可价值的机会；其次，员工的人脉网络难以获得增长。远程工作会让员工和专业人士建立牢固关系的机会变少，如果失去了这份工作，可能没有足够广的人脉帮助找到下一份工作。最后，远程工作很难接触到你应该获得的新技能。当你在家工作时，很难了解企业内部微妙的变化，以及它们未来会对你的职业发展造成哪些影响，因此很容易错过适合自己的公司内部机会。

6. 巴菲特公司的 25 人总部

可能很少有人知道，巴菲特掌控的市值万亿人民币的伯克希尔·哈撒韦公司总部，营收在世界 500 强中可以排在前十位，却只有区区 25 人。

巴菲特认为，一个公司如果有太多的领导，反而会分散大家的注意力。如果他雇了一层楼的股票经纪人，他们肯定会自己去找点儿可做的买卖；如果他聘请了律师，毫无疑问他们就会找人打官司。一个机构精干的组织，会把时间都用在打理业务上，而不是用在协调人际关系上。

✎ 7. 电子化可能反而降低了效率

一项针对美国医院和诊所的调研表明，大量系统软件的使用本来是想提高效率，但不仅医生效率变低了，研究还发现，医生用电脑工作的时间，是他们面对面给病人看病的时间的两倍。在医院里，医生一半的时间都在面对电脑屏幕，而不是患者。而且，和医生写得简明的笔记相比，电脑给出的详细报告缺乏重点，并且需要很多时间去总结。

医疗软件和电子病历不仅没提高效率，反而增加了工作时间，甚至还引发了更严重的职业倦怠问题。

✎ 8. 不要提拔那些害怕下属能干的人

一家企业绝不能提拔那些害怕下属能干的人，因为害怕下属能干说明他们封闭的心态和内心的软弱，长此以往，会让公司进入越来越平庸的状态，最终成为温水煮青蛙的典型。

既对自己的工作提出高标准，又敢于提拔比自己能力强的人，这样的人才会使这个团队越来越优秀。

✎ 9. 团队的冲突也有利于公司发展

很多优秀的公司都意识到，团队的冲突和不安对公司的发展很重要。

因为冲突往往让团队成员认识到，要发挥集体智慧。首先，每个人都有盲区，在解决冲突的过程中可以取得共识；其次，员工清楚如果企业安稳，会缺失创新和活力。另外，冲突也让团队能营造出一种让成员们愿意表达内心真实想法的环境和氛围，让大家安心地去冒险、尝试新事物，能坦诚地承认自己的错误，并从错误中反省。

10. 企业食堂的饭菜问题

咨询专家讲到这样一个故事：在微软上班的时候，公司提供午餐和晚餐。吃着吃着，大家吃腻了，希望供应商换换口味。这时候公司有两个选择——一是做满意度调查，根据员工满意度要求供应商改变餐食；二是提前一周公布食谱，让员工提意见。但是微软两个都没选，而是选了两家供应商，一家提供午餐，另一家提供晚餐。然后他们每三个月做一次满意度调查，看员工是喜欢午餐还是晚餐。如果喜欢晚餐的多，午餐、晚餐供应商交换；如果连续六个月，午餐都胜出，更换晚餐供应商。

自从这个制度开始实施，供应商就能提供比原来好得多的服务。

11. 公司个性化头衔的意义

很多公司出现了新颖的个性化头衔，比如有的前台人员把自己称为"第一印象总监"，IBM公司的一些数据工程师称自己是"数据侦探"。

沃顿商学院著名的管理学教授亚当·格兰特研究后认为，个性化头衔能够缓解员工的疲惫情绪，减少工作中的压力。个性化头衔虽然是一个很小的改变，但是它能赋予员工自我肯定、心理安全感与外部和谐感。个性化的头衔可以反映员工自身的独特价值，让人能够以一种有助于自我肯定和心理安全的方式表达自我身份，从而缓解情绪疲劳。

三、 人才与招聘

1. 三种人才分类

人才按照体系化能力，可以分为三类：野生纯天然、见过好体系和建过好体系。

野生纯天然指的是一个人的所有能力都是自然而然发生的。有的人简历很漂亮，但仅仅是去过很多公司而已，并没有体系的思考能力。见过好体系的人才是指，他们在业界公认的领先公司得到了学习和锻炼，见过并实践过完整的运营方法。如果还在这个领域内有一定的地位，就说明这个人有比较强的组织能力和系统方法论。

最厉害的人是建过好体系，就是说这个人不仅见识过好体系，还能用自己的方法论因地制宜地建立一个好体系。不少空降高管尽管见过好体系，但却在新公司发挥不了作用，就是因为在自己独立建立体系这个层次遇到了麻烦。

2. 组织中最有创造力的人可能很难缠

组织中最有创造力的人，很可能比其他人更有怀疑精神、更难取悦。很多创新者也往往不服从权威，愿意挑战现状，这种性格特点让他们更有可能吐槽管理不善和效率低下等问题，并且让他们更有可能表现出不敬业。

如果在选择员工时把这些人排除在外，表面上可能提高了员工的敬业度，但这些人也可能是创造性能量和创业精神的重要来源，而从那些对现状满意的人那里获得创造性能量和创业精神要更难一些。

3. 企业中老人的优势

很多企业认为企业中的老人不适应现代快速变化的商业环境，但他们的优势是显而易见的：

（1）判断力。年长者见识和经历的事情更多，因此会善于创造或选择有益于公司和个人发展的环境，具备长远视角。

（2）质朴的洞察力。老人们其实很多都不再试图证明自己了，因此在提出观点时不是求表现，这样会显得更质朴、更单纯。

（3）情商。经验教会人耐心、学会管理自己的情绪。

（4）思考力。他们更擅长综合思考以及抓住重点，能够更理性、更冷静地看待遇到的问题。

（5）更有利他精神。因为很多事情他们都看开了。

🖉 4. 招聘要慢，解雇要快

企业在招聘人才时，招聘过程必须慢慢来，给自己足够时间明确新岗位的具体职责、对求职者的期望和具体要求，在整个招聘过程都要清楚，自己在寻找什么样的员工。如果没想清楚，最后你和求职者都会很懊恼。这样做可能初期要投入很多时间和精力，但能够避免以后遇到令人头痛的大麻烦。

一旦发现招聘进来的人跟公司的需求相差甚远，就杀伐果敢，快速解雇，避免浪费太多的资源。

🖉 5. 亚马逊招聘人才的流程

在亚马逊，招聘人才的流程往往分为五步：

第一步，部门的招聘主管与筛选出的合适求职者进行一对一沟通。沟通中，招聘主管除了要确认求职者的基本能力，还要找出对方是否满足亚马逊对员工的理念要求。

第二步，多个主管轮番面试，交叉确认。亚马逊会召集 5 个来自其他部门的管理层担任面试官，分别与求职者进行 50 分钟的单独面谈，这个阶段面试官会继续发掘和确认，求职者是否拥有符合亚马逊理念的特质。

第三步，收集录取某人的明确理由。每场面试结束后，面试官都要在亚马逊的系统中输入自己的反馈。

第四步，确认求职者的优秀表现可以复现。如果一位求职者过去的表现很优秀，却无法应用到亚马逊，就失去了录取的理由。

第五步，思考这个人加入后，能否促进公司的成长。面试结束后，所有面试官会一起投票，只有全票通过的求职者才能被录取。如果有人反对录用，面试官就要一起讨论，求职者的不足之处是否能够通过培训和团队的力量来补齐。

6. 巨头提高招聘效率的办法

每年都有数百万人向某技术巨头求职，但只有 0.25％ 的求职者能得到工作。该公司提升招聘效率主要有两种做法：一是在面试流程中，增加对求职者核心素质的评价权重，确保求职者与公司有相同的认知；二是增加了一个程序，叫作信任面试项目，以此把面试变成员工的一项特权而非一项令人厌烦的工作。

在这个项目里，善于且乐于面试的人组成了一个团队，负责面试求职者。为了确认谁是团队最擅长面试的人，成员们还会被打分，比如，做过多少次面试等。之后，这些面试官的评估分数会公开，如果有人觉得自己比他们的表现更好，可以挑战并且取代他们。

7. 真正的人才可能无法通过社会招聘得到

人才市场中有个 3：4：3 法则，意思是 30％ 的人是因为各种原因想换工作的人，他们会主动投简历、找工作，他们中有优秀人才，但更多的是内部竞争的失败者。40％ 的人正在重要的岗位上，并对现状很满意，他们不会主动找工作，都是工作来找他们。最后 30％ 是最高级的人才，他们被雇主们用各种奖金、股份、合伙人计划的"金手铐"铐在重要岗位上。

公司想找的人才，一般来说肯定是后两种人，但他们却一般不会通过社会招聘到招聘现场。

8. 内部推荐其实是企业成本最低的招聘途径

内部推荐除了成功率高、人才质量有保证外，公司内部推荐的人一般也能迅速熟悉工作。因为推荐他的人会帮助他快速熟悉，从而跳过几个月适应期，提升了工作效率。

公司的人力资源部门，应该像对待招聘会一样重视内部推荐的价值，而且在预算上，也要做好内部推荐的预算，为推荐者提供与市场行情相当的奖励。

9. 谨慎使用空降 CEO

大量的学术研究表明，成熟的市场背景下，内部继任和外部继任在企业绩效表现上没有本质差异，而表现最差的却是那些外部招聘进入企业后 18 个月就成为 CEO 的掌舵者。

总体而言，当公司表现良好时选择内部候选人较好；而当公司陷入危机时，"空降兵"会做得更好。阿里巴巴基本制度规定，如果没有在公司工作 5 年以上不能被提拔为 CEO，甚至说即使公司要关门了，也绝不允许从外面招一个"空降兵"来担任 CEO。

10. 招聘的两个目标

招聘的过程，不仅仅是公司在评估应聘者，反过来应聘者也在评估这家公司。一旦应聘者被选中了，就是新同事；如果没被选中，面试就是一个很低成本传播公司形象的渠道。应聘者自己可能不合适，但如果觉得公司给自己的感觉很好，也许就会推荐邻居、老同事等，替公司找到合适的人。

所以，面试工作的目标不仅是挑到合适的员工，更重要的是让每个参加面试的人都能对这家公司有个好印象。

四、 员工培养

1. 新人的圈养模式和放养模式

圈养顾名思义就是圈起来培养，事无巨细、事必躬亲的培养方式。这样培养出来的员工在工作中，一个标题、一张素材、一篇软文、一个方案等，大事小事都必须让主管过目后才能对外，其特点是员工只是执行，没有主动权，但产出可控。

放养指的放开手脚，让新人自由成长，主管只把控最终结果。放养的特点是新人可以自由发挥自己的能力，在业绩上有可能带来惊喜，不过产出不可控。

2. "721 法则"

"721 法则"有很多应用的场景，比如，在员工培训中，员工的提升 70% 来自工作中的学习，20% 来自向他人学习，10% 来自正式的培训。

在一个公司和团队中，70% 的人是一般的员工，20% 的人是优秀的员工，剩余的 10% 是落后的员工。在商业竞争中也存在"721"的局面，第一名占整个市场的 70%，第二名占整个市场的 20%，剩余的 10%。

3. 企业碎片化学习的后果

不少企业存在碎片化学习的倾向，这主要表现在两个方面：一是这些企业很希望学习和掌握领先企业的最佳实践是怎么具体操作的，所以在交流和学习的过程中常常强调实操性，不去重视背后的原理。但他们很少会考虑到，在领先企业的具体做法形成中，有很大一部分依赖于这家企业自身情况和当时环境的具体特征，如果简单地模仿，实际上很难发挥这些做法的最优效果。

二是一些企业不停地选择来自不同公司的最佳实践进行学习，然后再将这些做法进行拼接，试图由此产生企业自身有效的管理实践体系。姑且不论这些碎片化的实践本身是否存在问题，即使这些碎片化的实践是好的，但其所构成的整体并不一定是好的。因为子系统层面的最优，无法保证在整体系统层面的最优，尤其是当这些不同子系统之间存在复杂的相互关联时。

🖉 4. 允许员工好奇心的三个好处

《哈佛商业评论》发表文章认为，允许员工发挥好奇心有以下三个好处：

（1）决策失误减少。好奇心会让我们从不同视角看待问题，从而不会轻易受到证实偏差和刻板印象的影响。

（2）给创新和常规工作都带来更多创意和积极改变。英士国际商学院的斯宾塞·哈里森和其同事做过关于好奇心的调查，他们发现当好奇心程度提升时，人的创造力也在不断提升。

（3）减少团队冲突，沟通更加高效。好奇心会鼓励团队成员换位思考并关心彼此的想法，他们会更公开地分享信息，也能够更认真地倾听彼此的声音。

🖉 5. 性格对敬业度的影响

研究表明，敬业度中50％的差异性都可以通过个人性格来预测，具体来说，起决定性作用的是四个主要的性格特征：正面情感、积极性、责任心和外向性。换句话说，那些积极、乐观、勤奋和外向的人倾向于表现出更高的敬业度，更有可能以富有精力和热情的面貌投入本职工作。

因此，企业想要组建一支高度敬业的队伍，也许最好的选择就是聘请具有上面说的这些性格的人。

✎ 6. 追求完美不等于工作更出色

《哈佛商业评论》发表的一篇文章认为，追求完美不等于工作更出色。研究人员发现，职场上追求完美主义的员工和一般员工相比，工作并没有更出色。

研究认为，问题可能出在了平衡上面，也就是说，有完美主义倾向的员工在工作上的确更投入，更愿意主动加班，把工作干得更好，但实际情况也可能是这些员工为了追求完美，在某些事情上用了太多时间仔细打磨，却忽视了其他应该同步推进的工作，导致顾此失彼，影响了工作效率和整体工作成果。

此外，从员工自身来说，完美主义也有不好的影响，往往和疲劳、焦虑、抑郁等负面情绪关联很大，身心健康很容易出现状况。

✎ 7. 企业要不要好好送别优秀的离职员工

很多企业面对优秀的员工离职，可能会轻描淡写地处理，以期淡化其消极影响。但淡化离职过程，让离职者悄然离去只会透露公司对团队成员的漠不关心，这并不是一种好的处理方式。

相反，公司应该积极为离职员工饯行，策划欢送会，向离职者表达美好祝福，用积极的言辞肯定其对团队作过的贡献，还可以重温一些内部笑话及共同经历，并为此开怀大笑，这样做不仅会让离职者对团队感觉良好，也会增强团队其他成员之间的凝聚力。离职者欢送会结束后，管理者可以诚挚邀请离职者，请他们坦率地告知对公司的意见和建议。

✎ 8. 重视工作进度比时间数字更重要

很多人经常会说，自己每天到办公室有多早或者每天在办公室待了多久，很多创始人也会支持员工多加班以提高团队产出。

其实时间数字并不重要，重要的是工作进度。如果员工在办公室能够保持更敏锐高效的状态，保证出色的交付成果，管理者可以让团队多睡会儿觉，晚点来上班。衡量一个人对公司作出了多大贡献，其实只需要看看以下这几条：完成了什么？是否达到了预期目标？在其他人眼里，是不是可靠和受人尊敬的团队成员？

9. 通过模糊测试来展示心理承受力

在特种兵长跑项目测试中，士兵要在缺少睡眠和忍饥挨饿的状态下，从早上开始全副武装地跑步，这项测试的关键在于没人知道终点在哪里，可能只要跑几百米，也可能是几十公里。

通过这种目标模糊的测试，研究人员可以观察到被试者的潜在性格特质。通过测试的特种兵，展示的就是应对消极情绪时的心理承受能力，心理学家把这种特质叫作痛苦耐受力。有这种能力的人不会因为愤怒、愧疚、无聊等负面情绪很糟糕就回避它们，而是选择忍受这些情绪带来的不舒适感觉，甚至从中汲取力量。

10. 时间点对个人成长的影响

斯坦福大学经济学家保尔·奥耶在 2006 年时提出了一个假设：有两个同样能干的年轻经济学家 A 和 B，A 在经济繁荣时期进入就业市场，被排名第 30 的大学录用；B 年轻两岁，在年景不好的时候开始工作，被排名第 60 的大学录用。几年后的 B 能否找到一份更好的工作呢？

奥耶收集了七所一流研究生院博士毕业生的数据，得出了结论：B 将长期处于劣势地位。他发现，在好年份毕业的学生更有可能找到好工作，刚毕业就找到好工作和 4 年、8 年甚至 12 年后依然拥有一份好工作之间，也有很强的相关性。奥耶还对 20 世纪 80 年代后期，在金融和咨询行业寻找高薪工作的 MBA 毕业生进行了类似的分析，结果也很相似。

另一位经济学家，汉尼斯·施瓦特和团队在一项研究中发现：对于在 1976 年至 2015 年间进入美国劳动力市场的年轻人来说，只要他们不得不在经济衰退期间开始找到第一份工作，都会遭受持久的负面影响。对于高中就辍学的弱势群体来说，他们遭受的影响会更大、时间也更长。

五、 团队激励

1. 高效团队的规模

想要团队高效合作，建立小而精的团队是首先要考虑的。高效能团队，一般由 3~7 个人组成，因为人脑的记忆功能是有上限的，人数增加，合作的沟通渠道就会越多，沟通成本也会越高。

如果团队过大，大部分的注意力就会被消耗在沟通上，从而拉低团队效率。

2. 为员工提供取得绩效的舞台

企业要培育员工的绩效精神，就必须为每一个人提供取得卓越绩效的舞台，关注的重点应该是每一个成员的长处，也就是每一个人能做什么，而不是关注不能做什么。

组织的团队凝聚千万不要以为就是和谐和团结，好的团队并不是大家都相处融洽，而是他们是否一起创造了真正的价值和绩效。人际关系如果不是建立在因工作绩效出色而带来的满足感之上，实际上就是糟糕的人际关系。

3. PBL 游戏化思维模式

PBL 是一种游戏化的思维方式，三个字母分别对应 Points（点数）、Badges（徽章）、Leaderboards（排行榜）。

游戏化中的点数主要是打完一盘游戏获得的经验值，到达多少经验值后可以升级，非常重要的是，点数要可视化。徽章可以为玩家提供努力的目标方向，激发玩家动机，可以传递出玩家关心什么。徽章同时也是一种虚拟身份的象征，是一种视觉化的成就，是对玩家在游戏化系统中个人历程的一种肯定。排行榜能让用户知道自己所处的水平，可以起到一定反馈作用。如果用户可以看到自己在可努力的范围内达到排行榜的顶端，这是一个强大的驱动力。但排行榜差距太大，就会给用户带来无力感，于是很多游戏想出了各种属性的排行榜，如时间排行榜、荣誉排行榜等。

虽然这是游戏套路，但是也可以在员工激励上有很多应用，有心的企业不妨用起来。

4. 激励的三个层级

激励手段不能一视同仁，不同的激励手段要针对不同的人或者解决不同的组织能力。

第一个层级：正常的发工资本质上是解决责任问题。不同的岗位有不同的责任，也意味着不同的工资，责任越大，工资越高；如果在责任上做不到，就应该扣发工资。

第二个层级：奖金是针对超过业绩的部分发的，也就是在既定责任基础上，有超出的部分，就应该发奖金进行激励。

第三个层级：通过股权激励，激发一些有巨大潜力的员工，也将未来的核心员工与公司的命运绑定在一起。

5. 正确激励员工的三个维度

激励会使员工更好、更愿意去工作，但是怎样正确激励才能让他们变得更加愿意去做事呢？

第一个维度是让员工知道做事的重要性。激励最核心的部分就是讨论重要性，如果找不到重要性激励就不会有效。第二个维度是可见度。激励是需要被别人看到的，不被看到是很难有激励的。表扬要当众表扬，因为这样做可见度高。第三个维度是要有公平感，只能让真正有成绩的人拿到奖励，否则激励就形同虚设。

6. 员工工作积极性下降的原因

根据哈佛管理信息（Harvard Management Update）的研究，在大约 85％的公司中，员工的士气在工作后 6 个月后会急剧下降，并且在随后数年持续恶化。

为什么会这样？

研究认为：

（1）员工缺乏参与感。如果员工觉得没有人对自己的想法感兴趣，那就很容易失去动力。

（2）感到不够公平。每一位员工都希望自己能受到尊重，并且在薪酬、福利和工作保障等方面得到公平对待，如果员工在这些领域感受不到公平对待，他们就容易丧失士气。

（3）职场人际关系需要改善。个人表现可能很不错，但和其他同事关系不融洽、协作不顺畅都会造成积极性下降。

（4）缺乏认可。无论员工贡献成果是大是小，都需要积极反馈，否则员工就容易陷入自我怀疑和痛苦之中。

（5）缺乏工作愿景。一定要让员工了解公司的使命，他们了解每一项任务背后的原因，心理都会受到一定的激励，因此，向团队传达一个清晰、鼓舞人心的愿景是非常重要的。

7. 职场友谊有助于团队绩效

《人格和社会心理学公报》杂志的一篇论文分析了 26 项关于职场友谊的研究，结果表明如果团队成员是朋友，业绩表现会比那些不是朋友的团队要好。

实际上，有大约 40％的初创公司都来自朋友搭档。此外，职场友谊还能提高员工的工作满意度，减轻员工压力，带来信任感和归属感。

✎ 8. 企业中可能只有三分之一的员工会真努力

美国创新领导力中心（CCL）在全球范围内采访、调研和辅导企业家们。他们发现，那些在全球都有业务的公司只有三分之一的员工会百分之百地付出努力，也就是说，剩余三分之二的人没有发挥出自己完全的能力。

他们用了两个词来形容那些没有完全发挥出能力的人：一个称为租户（Renter），租户往往没有受过什么培训，好像是公司的过客，对公司没有什么特殊贡献；另一个是偷住者（Squatter），这些人会在公司中鸠占鹊巢，带来破坏。

✎ 9. 金钱奖励与可持续性

1969 年的时候，学者爱德华·德西做了这样一个试验：使用的道具是一种名为 Soma（索马）的立体拼图，玩家可以根据需求组成不同的造型。试验对象有男有女，被平均分为 AB 两组。在为期 3 天的试验过程中，他们先是上了一个小时的课了解这种拼图的玩法，之后就让他们开始自行探索，其中 A 组在第一天是没有得到任何奖励的，第二天他们会因为努力而得到金钱奖励，第三天他们又是没有得到任何奖励。而 B 组在这 3 天当中，从头到尾是没有任何奖励的。试验发现，与 A 组相比，B 组在第三天会玩更长的时间。

试验得出的结论是：当金钱被作为活动的外部奖励时，被测试者会对活动本身逐渐失去兴趣。外部奖励可以给活动提供短期的激励，让用户脑部分泌少量多巴胺，但是它会产生很明显的依赖性，这种奖励机制类似于一杯浓咖啡所带来的提升效果，但是效果会在几个小时内飞快消逝，这种激励机制会降低一个人持续跟进项目的长期动机。

10. 解决问题本身的愉悦性

威斯康星大学心理学教授哈利·哈洛在 20 世纪 40 年代做过这样一个实验：他和他的同事搜集了 8 只猴子，并且将它们放在笼子里，让它们分开解决机械难题，这个难题包含从一块扁平的木板上拔出插销，松开钩子并且抬起带有铰链的盖板。在实验进行到 13 天左右的时候，猴子们在自己的摸索中解决了这个问题。这个事情很有难度，因为没有人去指导它们如何去做，也没有人为此提供任何形式的奖励，没有食物、没有掌声也没有情感奖励。

这个实验告诉我们一件事情：猴子能够解决这个问题，因为它们发现这个过程本身是令人满意而愉悦的。完成任务本身的过程所产生的快乐，就是一种给自己的回报，其实是一种最好的激励。

六、 团队协作

1. 什么时候群体智慧是好的

我们经常讲"三个臭皮匠，抵个诸葛亮"，这是强调群体的智慧，但我们也知道，群体很多时候是盲从的。

如何才能有群体智慧而不是群体盲从呢？需要满足四个条件：

（1）群体决策涉及的问题必须足够难，要难到没有一个人能够单独解决的程度，如果是一个人就能解决的事，强行搞群体决策就是浪费人力；

（2）群体中的每个人都必须有一定的能力，也就是说每个人都得够决策的标准才行，不能外行决策内行的事情；

（3）群体中每个人都有跟别人不一样的视角和解决问题的方法，每个人都要有独特的价值；

（4）群体的规模必须足够大，要体现多样性。

2. 群体智慧与乌合之众的差别

当做一件大规模的事情时，群体的目的相同，且群体内的人各自采取不同的方法、工具，就可能产生群体智慧。

但如果目的相同，采用的方法、工具又相同时，则有可能就是乌合之众。更为糟糕的是，如果目的不相同，工具也不相同，那这个群体就会表现为一盘散沙。

3. 多项潜能者的问题解决能力

多项潜能者是指那些具有优秀合成能力的人，他们能够将不同的概念结合起来，从而产生新的想法。

哈佛商学院创新学者卡林·拉哈尼认为：参与解决问题的人越多元，问题就越容易解决。因为人们面对和自己专长不太相关的领域时，往往会用自己擅长的方法来解决问题，而多项潜能者涉猎的领域很广，能够想出有新意的解决方法。

4. 塑造企业的尊重氛围

马凯特大学管理学助理教授克里斯蒂·罗杰斯在《哈佛商业评论》杂志写文章说，他在研究中发现人们很在意两种截然不同的尊重：一种是应得的尊重，这种尊重的表现是承认团队中所有成员的价值，是团队所有人都应该得到的；另一种是赢得的尊重，也就是认可那些表现出色的员工，并且肯定每位员工都有独特的长处，这种尊重能满足优秀员工被认可的需求。如果员工的成绩被忽视，说明组织里缺乏赢得的尊重。

而营造尊重的氛围，就是要在应得和赢得之间找到平衡。如果团队中所有人不管表现如何，待遇都一样，团队成员的上进心就会减弱。而如果只奖励那些表现出色的人，则容易导致团队成员之间的过度竞争。

5. 团队协作盲点

跨团队协作在现代公司中越来越常见，但跨团队协作常常以失败告终。哈佛商学院的高管领导力教练与 53 家公司的管理人员和员工进行过多次访谈，研究了跨团队协作成败原因。她发现，团队协作失败的原因都可以追溯到同一个因素，就是协作盲点。

协作盲点是管理者在规划协作项目时，考虑的经常是工作流程、激励措施和结果，忘记考虑指派团队的实际工作情况。比如，被指派进行协作的团队经常需要去打破部门墙、牺牲自主权、分享资源，此时他们会担忧自身安全，于是选择回避或是做出防御姿态。如果想要促进跨团队协作，管理者需要强化团队的安全感。

6. 快速用大价钱找来一个团队基本是无效的

如果一家公司突然获得大笔的投资，他们想通过用花大价钱的方式快速组建一支强大的团队，这有可能吗？基本是不可能的。

一般而言，高价交易得来的精英差不多都会干几件事：

（1）从老东家那儿挖一批自己人，快速建山头以壮大自我实力；

（2）各念一套经，把原来企业管理的经验带过来，造成组织文化异质化并严重对立；

（3）多数沦为指手画脚的批评家。

如果一家公司根本上没有自己的主体文化，没有自身强大而鲜明的价值观，同时制度体系也是零碎的，那快速找来团队也只能是一盘散沙，缺乏战斗力。

7. 示弱有助于打造高效的企业文化

《纽约时报》专栏作家丹尼尔·科伊尔曾在一次会议现场做了这样一个试验：他让在场的每个人互相问问题，坐左侧的人向同伴描述他们以前养的宠物，坐在右侧的人则要讨论一件自己一直希望做但没有做到的事。讨论宠物的人，很快就聊了起来。而讨论自己遗憾没做成事情的人，一开始很犹豫，但话题一旦打开，他们的对话和肢体语言明显比聊宠物的人更热烈。为什么会这样呢？原因就在描述宠物很简单，很容易切入话题，但描述想做却没能做到的事情就意味着示弱，一开始很难打开心扉，但是一旦打开了心扉，聊天人的心理距离就拉近了。

在团队相处中，向团体暴露自己的弱点可以构筑亲密感、信任和凝聚力。企业领导者可以试着去暴露团队成员脆弱的瞬间，增加团队安全感，打造高效的企业文化。

8. 奈飞塑造开诚布公的文化

奈飞（Netflix）公司在团队会议上会做一个叫"开始、停止和继续"的练习，要求每个人都要告诉一名同事，一件他/她应该开始做的事、一件他/她应该停止的事、一件他/她应该继续保持的事。

奈飞的这个练习会先从高管会议开始，这样可以起到让高管以身作则的作用。高管会议结束后，每一位领导者回到各自的部门，把刚刚完成的"开始、停止和继续"练习，以及他们分别说了什么内容告诉自己团队的成员，然后在自己的团队会议中进行这项练习。此外，奈飞还要求每个领导者都要为自己的团队设定一个明确标准：禁止在背后议论别人，或是在同事面前抱怨其他同事，如果有需要抱怨的，就在"开始、停止和继续"练习里把话当面说出来。

9. 思维合作

我们经常谈各种合作，但是很少会谈思维合作，事实上，思维合作是其他合作的基础。

寻找在思维上可以合作，为你提供动态反馈，让你的思维更加敏锐的一群人是至关重要的。作为创业者，联合创始人、你的大学导师、配偶，或者你的领导团队都可能成为思维合作的对象。

10. 效率来源从分工转向协同

随着大数据化和云计算的普及运营，未来的工作效率可能不再来自分工，而是取决于协同。

人类社会的发展一直靠分工来提升效率。在工业化时代，分工确实提升了技术，降低了成本，实现了规模效益。未来，协同将成为精确分工的前提，单纯分工很难提升效率，只有在协同的基础上精确分工，效率才会大规模提升。

第八章

工作哲学与
职场修养

工作是人生最重要的一个组成部分，作为职场中的个体，不是简单勤奋努力就可以在公司中如鱼得水的，而是要不断修正自己的工作哲学，提升自己的职场修养，才能加速自己的职业成长。

一、职场认知

1. 颜值对个人发展真的重要吗

很多人都笃信颜值非常重要，那么颜值这个要素在职场中真的重要吗？答案是肯定的。

比如，研究指出，权力往往属于颜值更高的领导人。不管在大猩猩社群还是今天的西方发达国家，领导人要达到职业生涯的最高点，相貌（包括身高、肌肉、语音语调）和成就有明显的正向关系。著名经济学家丹尼尔·荷马仕 20 多年来专注于研究颜值对实现个人价值所能起的巨大作用这一问题，其在《颜值与劳动力市场》的论文中明确指出：颜值和终生劳动力总收入呈较强的正相关性。

2. 内向者的四个层级

美国韦尔斯利大学心理学家乔纳森·奇克认为，内向者实际上有四个层级：

（1）社交型内向。这类人喜欢与小圈子社交或独处，但他们并不害羞，回避人群并不是因为与他人接触会带来焦虑。笔者认为，现实中这类人群占比会很高，很多看上去社交能力很强的人，实际上也可以归为这类。

（2）思考型内向。这类人喜欢深思熟虑和自我反省，也并不厌恶社交活动，但是他们可能会迷失在想象世界里。

（3）焦虑型内向。这类人选择独处，的确是因为他们在人群中会感到不舒服，而且这类人就连独处时，也经常感到焦虑，会反复思考自己曾经或将会做错的事。

（4）克制型内向。这类人做事慢条斯理，开始行动之前总是要费一番周折，而不能马上开始。

🖎 3. 内向者的社交优势

内向者常被认为是一种职场社交的性格障碍，但他们并非没有优势，内向者的社交优势通常集中在三点：

（1）他们是优秀的倾听者。大多数内向的人不愿意第一个开口的原因，是因为他们想先了解对方的看法，然后再表达自己的想法。

（2）他们能观察到谈话对象的行为和风格。这是建立人际关系的一个重要技能，它能够让内向者判断出对方的个性。

（3）他们有好奇心。内向者会对别人产生好奇，会去思考人们为什么是这样的等问题。

🖎 4. 过度自律对幸福感的影响

心理学家利亚德发表在《最新心理科学指南》（Current Directions in Psychological Science）上的研究论文发现，过度自律可能会影响我们的幸福感。

首先，过度自律会让你在取得成绩时错过那些喜悦的时刻。当我们取得好成绩时，本来应该欢呼雀跃，但这类人的情绪惯性却让他们用冷淡取代了喜悦。其次，过度自律会让人有不满的情绪。过度自律的人是靠谱的，但人们会习惯这种靠谱，并且把这种靠谱视为理所当然，而忽视了靠谱的人在背后做出了多少牺牲，当自律的人背后的付出被忽视的时候，高度自律的人就有可能心生不满。最后，长期来看过度自律会让人后悔。适度的自律确实可以帮助实现目标，但过度的自律反而会让其错过一些人生的难得体验，从而引发此后很多后悔。

5. 克服弱点

桥水基金创始人，畅销书《原则》的作者瑞·达利欧（Ray Dalio）在谈到怎样克服弱点问题时，提出了两个方法：

（1）把你的弱项变成强项；

（2）从擅长你的弱项的人那里获得帮助。

达利欧认为，从擅长你的弱项的人那里获得帮助是最有效的方法。人类天生被赋予了强项和弱项，改变是非常困难的，找到自己的最大弱点并通过他人的帮助去消除它，会极大地改善自己的人生。

6. 习惯的两个好处

首先，习惯可能让你不知不觉地超越目标。在习惯的惯性下，每天做一点小事，最终聚成的力量却非常可怕。

其次，习惯带来的改变远超过我们的想象。形成习惯之后，大脑也会改变，会让自己的行动变得简单、不累但是有效。

7. 在公司内塑造个人价值

沃顿商学院教授马修·比德韦尔的一项研究表明，外部聘请的员工的薪水往往要比内部晋升的员工高出 18%～20%，虽然这不太公平，却体现了一个普遍的现象：职场人士在公司内部往往被低估了。

如果一名员工想要一直留在同一家公司，并且获得较高的薪水，就必须通过建立在公司以外的声誉来让公司重新评估你。你可以为行业期刊写文章、在研讨会上发表演讲或者在专业协会担任领导，这些方法可以让公司外部和内部同时提升对你的认可，这样一来，你一方面可以获得更多的工作机会，另一方面也能提醒你的上司和同事，你的能力是别人所认可与欣赏的。

8. 偏离身份可以帮助自己清晰思考

知名创业孵化器 YC 的联合创始人保罗·格雷厄姆认为，越深陷于自己的身份，就越难清晰地思考问题。当人们接触的证据和自己的身份相抵触时，他们会更相信自己之前相信的东西。因此，想要清晰地思考问题，不要预先给自己设定定位。

9. 深呼吸可缓解焦虑感

斯坦福大学研究人员进行了一系列的试验发现，深呼吸可以在很大程度上改变人们对时间的感知。他们在试验中发现，受试者缓慢地深呼吸了 5 分钟后，不仅感觉完成事情的时间更多了，而且觉得日子变得更长了。对比来看，呼吸短促的人容易感觉时间匮乏。

研究人员认为，这是因为身体会影响意识：快速呼吸告诉你的大脑，你很匆忙，充满压力；缓慢呼吸则告诉大脑，你有很多时间。

10. 经常走出熟悉的圈子

经常走出你熟悉的圈子，不仅能调节职场生活的单调，也能获得意外的惊喜和新思想。

职场中的你，可以尝试做一些你之前没有兴趣的事。有时候，我们觉得某些事情无聊，只是因为那些事情当下还不属于我们的兴趣范围。比如，假如你的工作跟商业没有一点关系，不妨读一些商业期刊的文章。一开始你可能觉得无趣，但慢慢你会发现它们会给你很大的启发。再如，我们也可以定期和一些你通常不会想要来往的人谈话，比如出租车司机、初高中生等，知道那些和自己经历完全不同的人是怎么想的。

11. 目标至上的谈判原则

谈判就是以人为核心的、解决问题的过程，其中包括让对方按照你的意愿行事、按照你的思路思考、理解你想让他们理解的观念，以及让对方感受你想让他们感受的。

在谈判中可能会发生很多变数，但是参与谈判者一定要注意目标至上的原则。很多人在谈判时会因为想要获取更多利益，而采取了与自己目标相悖的行动。要记住：谈判中的所有行为都应使自己更接近谈判的目标，除此之外，其他行为都是无关紧要的。

🖊 12. 完成任务并增加价值是成长的秘诀

合格的员工会完成好自己的任务，但优秀的员工则会在此基础上协助上级把项目往下一步推动，从而也不断推高自己。作为一名员工，当你接到一个新任务时可以想想与其相关的环节中哪些工作需要继续完善，多展示自己额外的努力。

🖊 13. 被需要是拥有人脉的前提

要想建立优质人脉，首先你要让自己成为一个给予者，能提供独有的价值去帮助别人获得他们所需要的资源，这时，你也得到了从他们那里获取更多资源的机会。最强有力的关系是，双方都有能力为对方作贡献，而不是建立在单边提供价值的基础上。

一个索取者的人际关系，往往是一次性的。努力为自己增加足够的价值，才是让自己拥有人际关系的前提。

二、 工作的哲学

🖊 1. 四种工作的哲学

美国计算机科学家卡尔·纽波特写过一本名就叫《深度工作》的

书，里面讲到四种工作的哲学：

（1）隐居哲学。这种工作哲学可能只适合一小部分人。采用这种工作哲学的人往往跟外界很少联系，甚至连电子邮件都不用。他们只需要尽可能地激发自己的创造力潜能，而无须看这个世界的脸色。

（2）双峰哲学。这种工作哲学将个人时间分成两块，一部分时间用来深度工作，另一部分时间到红尘中走走，一周有一半时间深度工作，另一半时间处理杂事。

（3）节奏哲学。这种工作哲学是把深度工作和肤浅工作的时间进行分配，用一种严格的日程安排固定下来，也就是说，每天都要留出固定的时间用于深度工作。

（4）记者哲学。遵循这种工作哲学的人往往事务繁忙，但具有极强的自控力，可以随时在肤浅工作和深度工作之间切换，见缝插针地利用时间，前一分钟还和人在酒桌上把酒言欢，后一分钟就已经开始转入深度工作模式。

不过上述的四种工作哲学，笔者认为并不适合大多数人，仅仅是可以在那些深度工作的人群中发现。大多数人的工作，可能看起来既没有深度，也很难跟哲学二字有关联。

📎 2. 工作反思的 KPT 法则

反思工作的 KPT 法则是指每周、每月都要从保持（Keep）、问题（Problem）、尝试（Try）这三个角度，反思工作流程和业务现状，提出改善的行动。

具体来说，就是要分析最近一次尝试（Try）的结果，找出需要持续保持（Keep）的事项，包括做得好的地方，并重点列出需要改善的问题（Problem）和新的挑战（Try）。值得注意的是，列出问题的目的不是要去指责谁，而是要重点探讨原因；在设想新挑战时，一定要转变为可以成为具体行动的细节。

🖉 3. 职场友谊的处理

大部分场合下，尤其是有明显利益冲突时，职场可能很难形成真正的友谊，但是这并不代表职场没有友谊。一旦存在职场友谊，那如何处理职场友谊呢？首先，应该在工作中尽量保持合理的距离，而在私下里以朋友的方式相处。其次，要相互商量在公司中的相处原则，如遇到意见分歧时，要不要坦诚表达反对？工作中彼此的哪些信息可对其他同事说？这样既能避免矛盾，又能减轻心理负担。

一般而言，同级维持友谊相对容易，但一旦有人升级而变成上级后，维持友谊比较难了。此外，像发展方向、性格、价值观、职业规划这些因素都可能造成职场友谊的断裂，要摆正心态，不必强求。

🖉 4. 工作伴侣

工作伴侣描述的是一种新型的人际关系，指的是职场中两个人可能每周 7 天，一天 8 到 10 个小时待在一起，关系密切，彼此信任，这种新型的职场关系，是伴随越来越快的工作节奏出现的。

在压力巨大的创业公司中，这种关系会更常见。因为生活中的伴侣可能无法理解和支持你在工作中的困扰，但一个跟你配合密切的同事却可以。研究发现，凡是有工作伴侣的人，在计划辞职或跳槽的时候，总会再三考虑，因为工作中的绝对信任关系很难复制，甚至这些具有工作伴侣的员工会一起跳槽。

🖉 5. 要忍住不帮助同事

如果你作为一个管理者，看到同事动作太慢，而自己可以快速完成任务时，选择习惯性亲自上手，这就犯了工作禁忌。

尤其是当团队来了新人接手部分工作时，他们笨拙的行动和极低的效率常常会让管理者感到焦虑，管理者会忍不住出手帮助。事实上，任何人到一个新环境都需要一定的时间才能熟悉工作内容，在新人的学习期间，他们肯定无法像管理者一样迅速完成同样多的工作。如果管理者这时把对方的工作接过来，自己迅速完成，不仅不会提高团队的整体效率，而且还会打击对方的自信心。至少在最开始的几个星期，管理者应该耐心地给新员工试错和摸索的时间，让他们自己成长。

✎ 6. 不拒绝别人并不能维持良好关系

一种常见的心理错误是，不拒绝别人才有助于维持人际关系。人们常常以为只有答应亲朋好友的要求，才能提高重要关系的亲密度，如果回绝了对方，就会给这段关系带来不良影响。

但只要有充分的理由或是对方的请求明显不合理，都应该选择拒绝，这并不会真正影响朋友关系。如果有人因为你的拒绝而远离你，这很可能是他个人的问题，或者这段关系从一开始就很脆弱。

✎ 7. 远离有毒员工

哈佛商学院曾进行过一项研究，研究人员走访了 11 家公司里超过 5 万名员工，发现了有毒员工的四点特征：

（1）他们是利己主义，不关心他人；

（2）他们过度自信，对自身没有准确认知；

（3）他们坚持一切遵守规矩，不懂变通；

（4）通常他们与其他有毒员工在一起，形成小团伙。

工作中一旦发现这些员工，就要尽量和他们保持距离。如果他们作为管理层，就应该在必要时从公司清除出去。当然，因为制度的约束，要快速清除这些员工并非那么容易，企业往往陷入所谓"请神容易送神难"的境地。

✎ 8. 择业要选择上升期的公司

很多人认为，加入的公司越牛越好，越成熟越好，但如果公司的业务已经很稳定了，后来者可能只能按部就班地做着手上的工作。如果公司在上升期，就算你只是普通员工，也会有更大的发挥空间，有机会去开拓新业务、新项目，去试错和学习。

当然，不是人人都应该选择上升期的公司，一般而言，新手选择成熟业务，高手选择新业务。新手选择成熟业务，能够马上带给你真实的市场反馈，让你快速积累经验。

9. 跳槽前要思考的几个问题

在跳槽前，一定要认真思考四个问题：

（1）新工作能否带来我想要的东西？

（2）失去的是我能承受的吗？

（3）新工作中不好的部分我看到了吗？

（4）现在的工作是不是真的已经没有价值？

如果想明白了这四个问题，还是决定跳槽就不要犹豫。

10. 一个判断公司好坏的标准

如果你进去一家公司，先看看公司是愿意让员工各方面的能力获得提升，还是只愿意让员工把单一的手上工作做好。如果是后者，这家公司可能就不值得你待很久，因为它可能纯粹把你当作一种流水线上的工具，以后随时可能被机器替代。

相反，如果一家公司的员工经常被轮岗到各个业务，这样做的确会在短期内对业务产生不好的影响，但长期来看是培养人的。

11. 通过面试了解可能要去的公司

在找工作的时候，我们可以通过反向问公司问题了解一家公司：

（1）问面试你的人在这家公司工作多久了。如果他们的回答都是不长时间，你就要考虑进一步了解这家公司了，这家公司很可能存在高离职低工资、长时间工作、缺乏职业发展的机会或者不称职管理等一系列问题。

（2）问公司的领导或者创始人会在办公室待多长时间。如果一个领导者很少花时间和员工在一起，就表明公司可能缺乏创新文化。

（3）问公司会给员工提供什么样的活动。如果公司会组织一些活动，你或许就可以判断出来，这家公司不仅看重员工的工作，也看重构建同事之间的友好关系。

（4）问公司去年面临过什么重大挑战，以及最后是怎样克服的。这个问题可以让你了解公司在出现问题时，是把错误归罪于流程还是人。如果归罪于流程，说明这是一家持续学习的公司；归罪于人，则说明这家公司可能有背锅文化。

（5）问公司如何衡量成功。这个问题可以让你了解公司对员工的期望值，如果你发现门槛高得离谱，而你没有足够的时间和能力，不管这份工作多吸引人，你最好三思而后行。

12. 需要重新思考职业规划的几种情况

第一种情况：工作给你的生活带来了负面影响。当你的工作压力变得越来越大时，这份工作就会影响你的健康、情绪和人际关系。如果你因为工作精疲力竭，可以考虑换一份工作。

第二种情况：工作或者公司跟你的价值观不一致。如果你不太愿意告诉别人你在哪里工作，或许就应该考虑换工作。

第三种情况：没能在公司建立你想要的声誉。

第四种情况：工作由于行业变化可能在五年内就会消失。

13. 绩效货币和关系货币

职场有绩效货币和关系货币两种货币，这两种货币对职业成长缺一不可。

绩效货币是完成工作产生的货币，每当你完成超出人们期望的任务时就会产生绩效货币。绩效货币有三个价值：

（1）它会让你被人注意，为你创造声誉；

（2）它会在你职业生涯的早期帮助你加薪和晋升；

（3）它可能会吸引那些欣赏你的人。

关系货币指的是对职场人际关系进行投资产生的货币。你需要投入时间来联系、参与和了解工作中打交道的人，更重要的是让他们有机会了解你。

14. 与不喜欢的人合作时的策略

内文斯咨询公司的总裁马克·内文斯认为，当你不得不和不喜欢的人合作时可以采取以下的几个方法：

（1）接受和反思。你应该提醒自己，不可能和每个人都相处得很好，但和别人的每次互动都有潜在价值，你可以并且应该向你遇到的每个人学习。有时候，对方的不讨人喜欢，可能是因为你的成见。

（2）努力理解别人的观点。你可以花时间仔细考虑对方的观点，尤其是当对方对你的成功很重要的时候。

（3）成为一个问题解决者，而不是批评者或竞争者。你可以把问题交给对方，问问对方认为怎样才能更好地达成合作。

（4）多问问题。你可以用开放式的问题来创造对话，问一些好问题，耐心倾听别人的回答。

（5）提高对自己人际交往风格的认识。每个人的风格都不一样，有的人内向敏感，有的人外向活泼，不同风格有时候也是可以互补的。

现实生活中，笔者常常会听到很多人抱怨工作中的人不好相处，从而产生很多消极工作的情绪。试想纵使让他们重新换一个工作，也极有可能面临同样的问题。是不停换工作，还是像上述五个方法一样回头反思自己，的确是我们每个人都要面临的问题。

📎 15. 与领导者建立关系的两个误区

研究表明，一个人的工作绩效表现往往只有三成左右是自己决定的，剩下七成可能是领导决定的，所以与领导建立关系，得到领导认可非常重要。与领导建立关系常常有两个误区：一是认为建立关系就是拍马屁和奉承领导。但事实是如果一个人被贴上这种标签，反而会被智力正常的领导主动疏远。二是认为把自己的事情做得好就行，领导自然会看到。但事实上，这类人也往往在真实的工作场景中被冷落。领导其实没有足够的精力来关心每个下属，因为他要考虑的事情很多，而且领导也有自己的领导。

因此，这就需要下属通过各种方式去主动处好关系。比如，你可以站在领导的角度考虑问题，主动承担自己职责范围以外的工作，表达合理的诉求等。

三、 效率管理

📎 1. 时间管理上的主仆模型

《哈佛商业评论》2019 年有篇文章用主人和仆人两种角色，把要做的事情分成了两种类型：

一种是主人时间，指的是你用来做重要决定的时间。在这段时间里你需要思考、总结和反思，要明确你的目标和价值所在，以及工作原则。主人时间通常不受干扰，能进行完整深入思考。

另一种是仆人时间，指的是做我们头脑中默认的日常工作，比如发邮件、打电话、写报告、分析数据等。仆人时间的工作很容易让人进入心流状态，做事不再是出于某个动机，不再思考是否正确的问题，而是在于执行的过程本身。

2. 提高效率的 DRAW 笔记法

DRAW 笔记法有四个步骤：确认目标（Destination）、画出路线图（Roadmap）、列出行动步骤（Action）、评估风险（Warnings）。

确认目标时，需要想清楚目标实现后会出现什么具体变化？对你来说这个目标的价值是什么？实现目标的前后，你需要做出哪些改变？找到目标后，就可以画出你与目标之间的路线图，列出真正的行动步骤，想办法找出当下最适合去执行的活动。评估风险的时候，不是要你去解决问题，而是把可能出现的问题想清楚，以及假如问题真的会发生，该如何预防？如何补救？自己能承受多少风险和失败？

3. 提高效率的 OHIO 原则

OHIO 原则是麻省理工学院效率专家罗伯特·博森在《极端生产力》（*Extreme Productivity*）一书中提出的。OHIO（Only Handle It Once）意思是只做一次，就是处理事情的目标是只处理一次事情，没有拖延，没有犹豫，没有过度思考。

采取 OHIO 原则要求你进行微观聚焦，快速完成一项任务，然后快速完成另一项任务，看到电子邮件就马上回应，需要给同事快递一份文件就马上去做。如果你拖延着不回复电子邮件，这封邮件不会在你的脑海中消失，只会随着时间流逝增加你的内疚感，从而让你更不愿意采取行动。

心理学家的研究也表明，同时进行多任务处理实际上比一次完成一项任务的效率要低下。斯坦福大学的一项研究还表明，喜欢同时处理很多事情的重型多任务者，完成任务的质量要比那些步伐缓慢但稳定的单任务处理者糟糕很多。

4. 推进需要完成但又不想做的事情

在工作和生活中，我们每个人都会遇到一些需要完成但又不想做的事情，《哈佛商业评论》的一篇文章中，时间管理教练伊丽莎白·格蕾丝·桑德斯分享了解决这个问题的四个方法。

（1）从结果层面寻找做这件事的原因。你可以通过思考结果，找到做一件事的原因，激励自己去完成它。比如如果完成了，就会减少焦虑感；如果完成了，就能给我带来财务收益等。

（2）让其他人参与完成这件事的过程。比如将任务的一部分委派给他人，与他人组成团队共同完成，这种积极的社交压力，会推动你完成任务。这一点对于内驱力不是那么强的人来说，特别有效。比如，长跑这个事情，很多人一个人都坚持不下去，但是一旦有个同学群，在大家共同参与下，就很容易完成以前看似不可能完成的挑战。

（3）以正确的方式启动任务。对于不同的任务，采取不同的启动策略，可以建立固定的时段，专门处理某件事，在这个时段内只专注于这件事，不容其他事情干扰。

（4）把令人不快的活动和令人愉悦的活动组合搭配。像清理办公室这类无聊任务，可以在听音乐或者播客的同时做，这样的搭配会提升你的整体情绪，让你更容易把事情做完。

5. 提升时间效率的 40-10-10 规则

把效率最高的时间段专注于最重要的工作，这是我们经常会听到的建议，但在实际的工作中，人们的专注计划往往会被打断。

瑜伽公司的创始人莎拉·魏妮曼提出了一个所谓的 40-10-10 规则，它是指针对一项任务进行 40 分钟的专注工作，10 分钟休息，10 分钟回复之前错过的邮件或者消息。这种方法可以让你在没有多任务负面影响的情况下集中注意力，而且适用于需要频繁沟通的工作者。

✎ 6. 动态目标与目标达成

人们在执行计划时，很容易虎头蛇尾。比如，很多人刚去健身房时，动机很强烈，但往往会在最后阶段撑不下去而放弃，这个时候，可以制定动态目标，具体做法就是，在初始阶段制定一些小目标，到后期再将目标回到你的整体目标上，以此克服虎头蛇尾。

一项研究也表明，制定动态目标可以让人收获更好的结果：研究人员将参与者分为人数相同的三组，让他们分别去书店收集书的信息。第一组，每个人都需要在 8 天的时间里收集 80 本书的信息，每天没有固定的收集数量要求。第二组，每人每天都要收集 10 本书的信息，要进行 8 天。第三组，采用的是动态目标，前四天每人每天都要收集 10 本书的信息，后四天不用设定小目标，重点重新回到 8 天收集 80 本书这个大目标上。结果，第一组的成绩最差，共收集 1 268 本；第二组成绩中等，共收集 1 392 本；第三组成绩最好，共收集 1 906 本。

✎ 7. 把期待结果与现实执行作对比

管理学大师德鲁克有一个认清自己、了解优势以提升自己的办法，意思是一旦决定要做什么，就把期待的结果写下来，9 个月或 1 年以后，拿出来与结果对照一下。他这样坚持了 50 年，每次都有意外收获。我们也可以像德鲁克这样通过不断对比，调整提升自己。

四、 职场学习

✎ 1. 学习知识时的自我解释

《教育心理学评论》的一项研究认为：自我解释（self-explanation）

是一种强有力的学习策略，也就是说，让自己试着解释一遍知识点，比起老师讲解的效果会更好。

自我解释是一种要求基于自己原有的知识，去解读新知识的行为。人们在自我解释的过程中，会建立新知识点和原有知识之间的因果关系，从而增强自己的理解。而且自我解释的过程还能帮助自己意识到那些以往不知道的内容，或者一知半解的内容。研究显示，学习效果好的人常常在学习过程中自发地进行自我解释。

2. 二手知识可能造成的认识影响

人们越来越多地将计算机、手机等作为大脑的外部延展，这可能会对我们的认知能力产生长期的影响，其中比较重要的影响机制包括：注意力分散机制（也就是丧失对细节更清晰和更完整的记忆），以及认知减负机制（也就是将记忆交由外部装置来承载）。

我们自己阅读尽管可能在速度上较慢，但它具有深度思考的优势。自行阅读的过程，本质上是一个不断思考的过程。在这个过程中，一方面我们通过信息的不断调取加深了记忆；另一方面，这也是一个不断将大量知识或信息点进行结构化重构和重连的过程。从更长期的角度而言，这有助于提升我们的认知能力。那些被专家或他人精简过的知识，本质上是以他们的认知方式和知识结构进行重组之后的知识，这既可能过滤或扭曲一部分有价值的知识，也可能由于他们认知方式与我们认知方式的不完全兼容，而造成我们在理解和吸收效率上的问题。

3. 探索式学习

加州大学心理学教授艾莉森·高普妮克通过实证研究发现，婴儿行动是探索式学习，而且在某些方面比成人的方更为高效。在一个运行良好的企业中，研发部门往往是按照儿童的学习模式来运作的，它倾向于探索；而执行部门则是成人化的。

🔖 4. 稳定特质与自由特质

人们有时候会表现出和平常不一样的状态，一个内向的人或许在某次活动中表现得特别外向；一个很难相处的人，或许在某个周末变得很讨人喜欢。

为什么人们会有这种表现呢？哈佛大学教授布赖恩·利特尔认为，这是因为人们不仅有稳定的人格特质，还有自由特质，其中，稳定特质是指相对稳定的标签，比如，外向、讨人喜欢、神经质等。而自由特质则是人在追求特有动机时形成的人格，这些特有动机包括人们在日常生活中追求的目标、包袱、承诺和个人计划，它是一种后天塑造的人格。

相对稳定的特质是生物因素和社会因素塑造的，而且没法改变。而自由特质说明人类并不完全是基因和环境塑造的，个人的动机和计划能让我们超越基因和环境两个因素的影响，慢慢成为自己想变成的样子。

🔖 5. 费曼方法

很多人都会感觉自己好像学会了某门知识，但实际上却不知道如何运用它，过不了多久，大脑对它的短暂记忆就会逐渐消逝。要破解这局面，诺贝尔奖得主、著名物理学家费曼有自己的一套学知识的方法，称之为费曼方法。费曼方法对于深入理解某个概念，并对信息进行再加工、知识再造非常有帮助。

具体来讲，费曼方法可以分解为四个简单的步骤：

（1）找一张空白纸，在最上方写上要学习的那个概念。

（2）写下这个概念的解释或者定义，使用的词句要尽可能直白。

（3）把你写下的解释或者定义读一遍，将句子中那些你还模糊不清的词语标记出来；带着这些标记出来的词语，去各种源知识平台里面寻找更好的解释，直到你对这些词语的概念有清晰的理解；把标记的地方理解清楚之后回到第二步，将解释进一步修改简化。

（4）借助类比、图表、比喻或者其他任何方法，再帮助你加深记忆，并尝试从不同的视角来认识这个话题。

6. 学习的倒逼法

学习的倒逼法也可以叫输出倒逼输入，就是你要学会一个知识，就要能把一个知识点用最简练的语言表达出来，并且传播给别人，当发现自己表达得不是很准确的时候，立刻修正优化继续表达出去。

这种方法除了能学到知识，它还能全面培养综合能力，包括为了表达更精确运用语言的能力，以及与现实结合的能力。一个比较极端的练习方法，就是在你输出表达的时候录音，再根据这个录音进行分析，从中抓重点、补短板。

7. 如何增加自制力

《怪诞行为学》作者丹·艾瑞里认为，缺乏自制力本质上是两个原因：一是因为我们低估了未来，让我们不愿意为了未来而放弃当下的收益；二是因为没有足够的意志力来克服当下的诱惑。比如，你吞下了饭后甜点可能是因为你低估了未来减肥的难度，或者是因为晚饭后跟朋友一起吃甜点这个事情本身诱惑实在太大。

丹·艾瑞里给出的增加自制力的方法主要是两个：一是和未来的自己建立情感联系；另一是抗拒当前的诱惑。

8. 通过关注未来激励当前的自己

心理学家海尔·赫斯菲尔德提出，可以使用一些简单的工具来帮助人更真切地想象未来的自己。

比如写一封信给年老的自己，这封信会帮助自己去思考在 65 岁、70 岁时的需求和欲望，可能会有什么惋惜和遗憾，在这种想象下，处在当前的自己就会为了帮助未来的自己去做一些准备；此外，也可以通过一些场景来提醒自己在未来可能会面临什么问题。心理学研究发现，如果把某一个地方布置成养老院，就可以提醒走到这个地方的人去思考长期的东西。心理学还发现，当人用明确的日期来叙述未来时，人们会更真切地重视未来，比如，不要说 10 年之后而是明确就在 2032 年。

9. 混乱能激发不规则工作的创新性

工作大致可以分为两种：一种是机械、确定性的工作，这类工作需要做到整齐、专注；另一种则是充满变量、没有固定规则的工作，这类工作属于创意型的工作。

研究发现在处理第二类工作时，混乱反而更能激发我们的创造力，也能提高工作效率。创意工作者可以尝试同时进行多个项目，而不是专注于一个。研究发现，当我们搁置一项任务处理另一项时，大脑并没有停止工作，而是会继续捕捉这项任务的信息，所以特别容易激发灵感，而且每次转换项目，都会给大脑一种新鲜感，更容易让人集中注意力。

10. 要固定一段时间更新自己的简历

很多人如果不换工作，简历就不会去动它。其实，每个人如果每过一段固定时间去更新自己的简历，也是一种督促自己职场成长的方法。

定期自己更新简历，就等于每过一段时间就检视一下自己有没有成长。如果发现简历没有任何更新，那就必须审视一下自己最近的状态，迅速进行调整。如果想做到简历经常更新，就要找强于自己很多的人作为目标对象，向他们学习。之所以不能只找比自己高一点点的人，是因为追上后容易失去目标，而且因为只比你高一点，可能并不适合长期去激励你。

致　　谢

感谢那些一直默默支持、鼓励我坚持撰写"老刘商业洞察"的朋友，没有这个平时的积累，《新商业思维（第四辑）》就无法按照预期的时间写出来。

本书在资料累积的过程中，聆听了很多商界名人的演讲和访谈，阅读了很多人撰写的文章，很多观点都受到他们的影响，在此一并感谢。

本书不足之处在所难免，敬请读者朋友们批评指正。

我期待有更多的读者看到这套书，并希望大家能把它当作案头常翻的一本工具书，随时引发一些商业思考。

刘国华

如需交流，请加作者的个人微信公众号（liuyanbrand）联系。